Die Carl Zeiß-Stiftung,

ein Versuch

zur

Fortbildung des großindustriellen Arbeitsrechts.

Von

Dr. Julius Pierstorff,

o. Professor der Staatswissenschaften an der Universität Jena.

Sonderabdruck aus Schmollers Jahrbuch für Gesetzgebung ꝛc. XXI. 2.

Preis 1 Mark. In Partieen billiger.

Leipzig,

Verlag von Duncker & Humblot.

1897.

So reich unsere socialpolitische Gesetzgebung gestaltet ist und in Zukunft sich noch entwickeln mag, so wird sie dennoch niemals das weite Gebiet der Beziehungen zwischen Unternehmer und Arbeiter zu erschöpfen vermögen. Sie wird stets nur ein Mindestmaß von Pflichten und Rechten begründen können und jenseits dieser Grenze einen großen Spielraum für individuelle socialpolitische Gestaltungen übrig lassen. Soweit nicht von den Arbeitern eine Ausdehnung ihrer Rechte im Kampfe erstritten wird, ist das Maß der Zugeständnisse innerhalb des wirtschaftlich Möglichen jeweilig durch die Art bedingt, in welcher die einzelnen Unternehmer und Arbeitgeber die ethischen Aufgaben und Pflichten ihrer socialen Berufsstellung auffassen. Was Einzelne unter ihnen mit freierem Blick und aus einem höheren sittlichen Empfinden heraus erfolgreich ins Leben rufen, gewinnt unmerklich größeren Einfluß auf weitere Kreise und bewirkt so durch Verschärfung des sittlichen Bewußtseins, daß die Anforderungen, welche an die sociale Gestaltung des Arbeitsverhältnisses gestellt werden, zu einer höheren Stufe emporgehoben werden.

Unter allem, was in Deutschland durch die Initiative der Unternehmer zur Verbesserung und Hebung der Lage der ihnen unterstellten Arbeiterschaft geschaffen wurde, kommt u. E. an socialem Werte kaum etwas demjenigen gleich, was Prof. Abbe als Leiter der optischen Werkstätte in Jena durch die Begründung der Carl Zeiß-Stiftung in jüngster Zeit ins Leben gerufen hat. Wie die technischen Leistungen des genannten Institutes auf dem Gebiete der angewandten Optik und Feinmechanik unerreicht dastehen und ihm die unbestrittene Führung auf dem bezeichneten Industriegebiete gesichert haben, so ist zugleich in ihm ein privates Arbeitsrecht verwirklicht worden, das den höchsten Anforderungen entspricht, die an ein solches gestellt werden können. Hervorgegangen aus einer tieferen Erfassung und gerechten Würdigung der in der Arbeiterbewegung wirkenden psychologischen Triebkräfte und gegründet zugleich auf die Erfahrungen einer langjährigen praktischen Thätigkeit, bekunden die hier zu Gunsten der Arbeiter geschaffenen Einrichtungen, frei von jedem Utopismus, einen hohen und gesunden Idealismus, wie er in solchem Maße wohl nur selten gefunden wird, wie er aber die Grundlage größerer und dauernder Erfolge auf socialem Gebiete, wie auf anderen, zu bilden pflegt.

Der hier unternommene Versuch zur Fortbildung des großindustriellen Arbeitsrechtes ist jedenfalls bedeutend genug, um an dieser Stelle eine Darstellung für weitere Kreise zu rechtfertigen. Um jedoch eine zutreffende Würdigung der Voraussetzungen und der Tragweite der geschaffenen Einrichtungen zu ermöglichen, erweist es sich als notwendig, zuvor das Wesen und die Entwickelung des ganzen Unternehmens, in dessen Organismus sie eingefügt wurden, in kurzem darzulegen.

Vor nunmehr einem halben Jahrhundert, im Jahre 1846, eröffnete der Mechaniker Carl Friedrich Zeiß — geb. 11. Sept. 1816 zu Weimar — selbständig in Jena eine kleine Werkstätte für mechanische Arbeiten, in welcher er die Konstruktion und Reparatur aller für die Universitätsinstitute erforderlichen naturwissenschaftlichen Apparate betrieb, und legte damit den Grund zu der weltberühmten „Optischen Werkstätte", welche gegenwärtig 700—800 Arbeiter beschäftigt. Um die gewählte Aufgabe vollkommener erfüllen zu können, hatte Zeiß bereits, bevor er sich selbständig niederließ, in den Hörsälen und Laboratorien der Universität sich eingehenden mathematischen und naturwissenschaftlichen Studien hingegeben, denen er eine bedeutende Erweiterung und Vertiefung seiner Kenntnisse vom Bau und Gebrauch der wissenschaftlichen Instrumente verdankte. Die Studienzeit brachte ihn zugleich in nahe Beziehungen zum wissenschaftlichen Leben der Universität, Beziehungen, die auch weiter fortdauerten und ihn in beständiger Fühlung mit den Interessen und der Entwickelung der naturwissenschaftlichen Fächer erhielten. Insbesondere waren es zwei Jenaer Universitätslehrer, der Botaniker Schleiden und sein damaliger Assistent Schacht, welche nachdrücklich und nachhaltig darauf hinwirkten, daß Zeiß sich immermehr demjenigen Ge-

Hülfe eines Jenaer Privatgelehrten, des Mathematikers Barfuß, in Anspruch genommen. Aber obschon die damals angestellten Bebiete zuwandte, auf dem seine Werkstätte im Laufe der Zeit so unvergleichliche und bahnbrechende Erfolge erzielen sollte: der Herstellung optischer, insbesondere mikroskopischer Apparate.

Den einfachen Lupen aus Fensterglas, mit deren Anfertigung Zeiß zu Ende der 40 er Jahre begann, folgten bald vollkommenere Instrumente. Bis zum Ende der 50 er Jahre waren die Mikroskope der Zeißschen Werkstatt bereits bis zu dem Grade vervollkommnet, daß sie nach Schleidens Zeugnis selbst die b. 3. berühmtesten Pariser Erzeugnisse von Oberhäuser in der optischen Wirkung übertrafen und auch in weiteren Kreisen gebührende Anerkennung genossen. Der Absatz und mit ihm das beschäftigte Personal wuchs infolgedessen, langsam zwar, aber doch stetig, so daß die Werkstatt, die im Jahre 1846 mit nur einem Gehülfen und zwei Lehrlingen eröffnet worden war, im Jahre 1866 bereits die Fertigstellung des tausendsten Mikroskops mit einem Arbeitspersonal von 20 Köpfen feiern konnte.

Zwei Dinge waren es vor allem, durch welche Zeiß die Leistungen seines Betriebes immer mehr zu steigern bemüht war. Das eine betraf den Geist der Präcision, den er planmäßig und mit Nachdruck unter seinen Gehülfen und Lehrlingen ausbildete. Den Grad der Leistungsfähigkeit, welchen der Betrieb in dieser Beziehung erreichte, mag der Umstand kennzeichnen, daß es dem langjährigen Werkführer, A. Löber, sogar gelang, die s. 3. schon von Fraunhofer erfundene feinste Methode zur Prüfung der Gestalt optischer Flächen aufs neue selbständig zu erfinden und in die Werkstatt einzuführen. Die zweite Stütze suchte und fand der Meister in einer gesteigerten wissenschaftlichen Leitung und Überwachung der Arbeiten, indem er sehr früh schon die Notwendigkeit erkannte, den Bau optischer Instrumente, soweit möglich, durch Anwendung wissenschaftlicher Grundsätze wesentlich zu vervollkommnen und damit zugleich von dem rein individuellen Geschick einzelner Personen, auf dem bisher die Erfolge in diesem Produktionszweige ausschließlich beruhten, unabhängig zu machen. Aber so groß auch und bewundernswert der Eifer war, mit dem Zeiß zu diesem Zwecke seine mathematischen und physikalischen Privatstudien fortsetzte, es mußte sich ihm je länger desto mehr die Erkenntnis aufdrängen, daß hierzu seine Kraft nicht ausreichte, um so weniger, als ihm zugleich die geschäftliche und technische Leitung des Betriebes oblag. Schon in den 50 er Jahren hatte er deshalb die rechnungen und Versuche ergebnislos verliefen, hielt er fest an dem einmal gefaßten Plane, und gelang es ihm endlich zu Ende der 60er Jahre, in dem damaligen Docenten, jetzigen Professor der Mathematik und Physik in Jena, Abbe, den Mann zu finden, der imstande war, seine ursprünglichen Ideen der Verwirklichung entgegenzuführen. Zwar ließ auch diesmal der volle Erfolg lange auf sich warten. Denn es ergab sich zunächst die völlige Unhaltbarkeit der über die Wirksamkeit des Mikroskops verbreiteten Anschauungen, sowie die Notwendigkeit, vorerst die richtige Theorie dieses Instrumentes auszuarbeiten, wenn ein brauchbares praktisches Ergebnis erzielt werden sollte. Aber der große Wurf, bei dem Zeiß ohne jede Gewißheit des Erfolges alles einsetzte, gelang. Abbe schuf die bis dahin entbehrte richtige Theorie und damit war zum erstenmale und für alle Zukunft die Herstellung von Mikroskopen auf festen Boden gestellt. Wurden auch infolge der veränderten Produktionsweise die an die Sorgfalt des einzelnen Arbeiters zu stellenden Anforderungen eher gesteigert als gemindert, so hatte doch der Umstand, daß nunmehr jede kleinste Arbeit nach einem vorbedachten Plane ausgeführt wurde und genaue Kontrollen die Arbeiten vom ersten bis zum letzten Stadium regulierten, zur Folge, daß seitdem nichts mehr vergebens geschah, wie so häufig im Stadium der rein empirischen Versuche. Zugleich wurde auf solche Weise trotz der hohen Subtilität der Arbeiten eine ganz außerordentliche Ausdehnung des Betriebes ermöglicht, die auf keinem anderen Wege hätte erreicht werden können.

Trotzdem die Leiter der Firma, in die Abbe im Jahre 1875 als Teilhaber eingetreten war, auf jede Patentierung verzichteten und infolgedessen ihre Erfindungen und Verbesserungen im reichlichsten Umfange nachgeahmt wurden, stieg der Absatz der Zeißschen Fabrikate, deren Preise sich wesentlich höher stellten als die Produkte aller übrigen deutschen Konkurrenten, dergestalt, daß bereits im Jahre 1886 das zehntausendste Mikroskop fertiggestellt wurde. Was diese Ziffer für die Größe der Betriebsleistungen bedeutet, ermißt man erst voll, wenn man erwägt, daß zu jedem einzelnen Stativ noch eine größere Anzahl von optischen und mechanischen Nebenapparaten gehört, so daß der Wert eines vollständigen Mikroskops, je nach der optischen und mechanischen Ausstattung und je nach der Zahl der Zubehör- und Hülfsstücke, zwischen 200 und 2000 Mk. sich bewegt. Gegenwärtig, am Schluß des Jahres 1896, ist die Zahl der fertiggestellten Mikroskope bereits auf 27 000 angewachsen und vergrößert sie sich alljährlich um ca. 1700.

Im Verlaufe dieser Entwickelung war die Werkstätte ganz von selbst dazu gedrängt worden, die Formen des Großbetriebes anzunehmen, wofür in dem maßgebenden optischen Gebiete die Voraussetzungen und Bedingungen erst mit der Abbeschen Theorie des Mikroskopes und den dadurch gegebenen festen Regeln für den Bau dieses Instrumentes geschaffen worden waren. Auf dem Gebiete der optischen Arbeiten erfolgte dieser Übergang schon zu Anfang der 70er Jahre. Allgemein für den ganzen übrigen Betrieb wurde diese Wandlung erst mit dem Jahre 1880 vollzogen, als die Firma zu diesem Zwecke ein großes Grundstück unweit der inneren Stadt erwarb, das im Lauf der Jahre durch Zukauf immer mehr vergrößert und mit einem stetig wachsenden Komplex mustergültig eingerichteter Fabrik- und Geschäftsgebäude besetzt wurde.

Der gesamte Betrieb zerfällt gegenwärtig in eine Reihe selbständiger Abteilungen und Werkstätten. Unter den einzelnen Werkstätten sind die wichtigsten die optische und die feinmechanische. In der ersteren werden die Linsen aller Größen für Mikroskope und andere optische Instrumente teils mit Maschinen teils mit der Hand geschliffen und poliert. Eine besonders schwierige Arbeit bildet dabei die Herstellung der kleineren Objektivlinsen, die, obwohl bisweilen nicht größer als ein Stecknadelknopf, doch mit derselben genau berechneten Formvollendung geliefert werden müssen wie die größten. An diese Hauptbranchen reiht sich eine Anzahl von Nebenwerkstätten, eine Schlosserei, Gießerei, Tischlerei, Lederei, eine Gravieranstalt, Fräserei, Polierwerkstatt, Vernickelungsanstalt, Lackiererei &c.

Um die Abbe-Zeißschen Verbesserungen des Mikroskops in ihrer Bedeutung für die wissenschaftliche Forschung erkennbar zu machen, bedarf es nur des Hinweises auf die eminente Förderung der modernen Bakteriologie. Es steht außer Zweifel, daß die Bakteriologie die großartigen und überraschenden Erfolge, deren sie sich rühmen darf, ohne die Zeißschen Instrumente niemals hätte erzielen können. Koch arbeitete nur mit ihnen. Andererseits haben auch die Bedürfnisse der Bakteriologie auf die Ausbildung des Mikroskops zurückgewirkt, jedenfalls haben sie die Tragweite mancher bedeutsamen Verbesserungen erst voll erkennen lassen. Die Erfindung der sogenannten Öl-Immersion erlangte erst durch jene eine vorher nichtgeahnte umfassende praktische Verwertung.

Zu solchen Erfolgen hat aber außer den schon erwähnten Momenten noch ein weiteres wesentlich beigetragen, das bis dahin außer

Acht gelassen werden mußte, die gleichzeitig erzielte Verbesserung des zu den Linsen verwendeten Glasmaterials. Bereits im Jahre 1876 legte Abbe in einem Ausstellungsberichte dar, daß die Mängel der Mikroskopobjektive in dem nicht zweckmäßigen gegenseitigen optischen Verhalten des für die Linsen benutzten Crown- und Flintglases begründet seien und daß eine Vervollkommnung des Mikroskopes nur zu erwarten sei, wenn es gelänge, Glasarten herzustellen, die in ihrem Lichtbrechungs- und -zerstreuungsvermögen einander in der Weise ergänzen, daß die Erscheinung des sogenannten sekundären Spektrums aufgehoben wird, m. a. W., wenn es gelänge, die bisherigen „achromatischen" Linsen durch „apochromatische" zu ersetzen. Um dies zu erzielen, — was nur von einer alle möglichen Glasschmelzflüsse umfassenden Untersuchung über die Abhängigkeit der optischen Eigenschaften des Glases von seiner chemischen Zusammensetzung erwartet werden konnte, — verband Abbe sich mit dem Chemiker und Glashüttentechniker Dr. Schott in Witten, mit dem ihn ein glücklicher Zufall zusammengeführt hatte, zu gemeinsamen Versuchen, die im Jahre 1881 ihren Anfang nahmen und zunächst nur in kleinerem Maßstabe vorgenommen wurden. Auf Grund der erzielten Ergebnisse wurden im folgenden Jahre in einem eigens dazu eingerichteten Laboratorium in Jena die Schmelzversuche in größerem Umfange fortgesetzt, bis 1883 die gestellten Aufgaben soweit gelöst waren, daß man zur praktischen Verwertung der gewonnenen Erkenntnisse und Erfahrungen übergehen konnte. Diese praktische Verwertung erschöpfte übrigens ihre Bedeutung keineswegs in dem technischen Fortschritt, den die Herstellung des neuen Glases auf dem Gebiete der angewandten Optik darstellte. Seit dem Tode Fraunhofers im Jahre 1826 war die Fabrikation optischen Glases für Fernrohre, Mikroskope, photographische Apparate ꝛc. in Deutschland eingegangen und sah sich seitdem die deutsche Industrie hinsichtlich dieses wertvollen Artikels auf eine französische und eine englische Fabrik angewiesen, welche beide einer völlig einseitigen Tradition folgten. Nunmehr ergab sich die Möglichkeit und Gelegenheit, den verloren gegangenen Produktionszweig wiederzugewinnen, die einheimische Industrie in der angegebenen Richtung wiederum vom Auslande unabhängig zu machen, und war es vornehmlich dieser Umstand, der die preußische Regierung bezw. den damaligen preußischen Kultusminister von Goßler bewog, obwohl Schott die Aufforderung zur Übersiedlung in preußisches Gebiet abgelehnt hatte, dennoch eine jährliche Subvention von je 30000 Mk. für ein in Jena zu errichtendes Unternehmen zu bewilligen und so die Möglichkeit zur Fortsetzung der Versuche in großem Maßstabe zu bieten. Unter diesen Auspicien entstand im Jahre 1884 unter der Firma Schott und Genossen das „glastechnische Laboratorium", zu dessen Begründung die früher schon mittelbar beteiligten Besitzer Dr. Carl Zeiß[1] und sein Sohn Dr. Roderich Zeiß, ebenso wie Abbe mit Schott sich verbanden. Die geschäftlichen Erfolge des jungen Unternehmens gestalteten sich so günstig, daß dasselbe bereits nach Ablauf von zwei Jahren freiwillig auf die weitere Unterstützung der preußischen Regierung verzichten konnte. Der Erlös aus dem Absatz deckte bereits die Kosten.

Außer mit der Deckung des großen Bedarfs an gewöhnlichem Crown- und Flintglas, befaßt sich das Glaswerk insbesondere mit der Herstellung der verbesserten Crown- und Flintglassorten, deren Zahl gegenwärtig sich ungefähr auf 60 beläuft. Ein weiteres Erzeugnis, durch welches die Firma einen bedeutenden Ruf erworben hat, ist das Normal-Thermometerglas, „Jenaer Normalglas" genannt, das Abbe und Schott infolge eines im Jahre 1883 erteilten Auftrages der kaiserl. Normal-Eichungskommission konstruierten und dessen Vorzug darin beruht, daß bei seiner Verwendung eine Verschiebung des Eispunktes, wie er bei den aus gewöhnlichem Röhrenglas hergestellten Thermometern einzutreten pflegt, ausgeschlossen ist. Zur Zeit bildet eine neue Art Gascylinder von erhöhter Dauerhaftigkeit, besonders für Auerbrenner, einen wichtigen Absatzartikel, von dem täglich etwa 15000 Stück fertig gestellt werden. Daneben beansprucht die Produktion von Glasgeräten für chemische Laboratorien und von Wasserstandsröhren aus Verbundglas für Dampfkessel eine besondere Bedeutung, weniger durch die Größe des Absatzes, als wegen ihrer wertvollen Eigenschaften, bestehend in hochgesteigerter Widerstandsfähigkeit gegen schroffe Temperaturunterschiede, sowie gegen die Angriffe chemischer Agentien bezw. des heißen Wassers oder Dampfes. Im Jahre 1895 wurden von der Firma Objektivscheiben bis zum Durchmesser von 125 cm, somit von einer Größe, in der solche bisher noch niemals hergestellt wurden, in Berlin zur Ausstellung gebracht. Die Fabrikate, welche die Firma auf den Markt

---

[1] Carl Zeiß wurde im Jahre 1881 von der philosophischen Fakultät zu Jena zum Ehrendoktor ernannt.

bringt, sind zum weitaus größten Teile Specialitäten, die aus den in ihrem Laboratorium angestellten Versuchen hervorgegangen sind. Die ganze Anlage und Organisation hat hier ebenfalls den Charakter des Großbetriebes. Zur Zeit sind 7 Schmelzöfen und ein Versuchs=ofen im Fabrikationsmaßstabe, außerdem 25 Nebenöfen im Betriebe. Die Produkte des Werkes finden ihren Absatz im In= wie im Aus=lande. Unter den ausländischen Absatzmärkten steht England voran. Der Bedarf des deutschen Marktes an optischem Glase besserer Qua=lität wird ausschließlich, derjenige des Auslandes zum großen Teile von hier aus gedeckt. Der stetigen Steigerung der Produktion und des Absatzes entsprechend, dehnt sich auch diese Fabrik, die vor der Stadt gelegen ist und gegenwärtig 172 Arbeiter, 20 Arbeiterinnen, 2 wissen=schaftliche und 9 kaufmännische Beamte beschäftigt, von Jahr zu Jahr weiter aus.

Der natürliche Einfluß der von Abbe auf die Konstruktion des Mikroskopes so erfolgreich angewandten Methoden und für die Theorie aller optischen Instrumente gefundenen wissenschaftlichen Unterlagen bewirkte, daß dieselben allmählich teils von ihm selbst, teils von seinen Schülern auch auf andere optische Apparate angewandt wurden. Die ersichtliche Vervollkommnung, welche diese Apparate auf solchem Wege erfuhren, führte allmählich zu dem Entschlusse, den Betrieb auch auf deren Fabrikation auszudehnen. Dabei wirkte wesentlich die allgemeine Erwägung mit, daß eine gesunde Geschäftspolitik es verbiete, einen so großen Betrieb wie den vorhandenen, auf den bereits eine so große Anzahl von Existenzen wirtschaftlich angewiesen war, dauernd auf einen einzigen Artikel von immerhin beschränktem und schwankendem Abnehmerkreis zu basieren.

Demgemäß wurde die Herstellung von photographischen Linsen, sog. „Anastigmaten", deren Konstruktion erst durch besondere von dem hiesigen Glaswerk hergestellte Glasarten ermöglicht wurde, seit dem Jahre 1890 in Angriff genommen und für die Fabrikation dieses Artikels eine besondere Abteilung errichtet. Der erzielte Erfolg war derart, daß bereits im Jahre 1895/96 bei einem Gesamterlös von 1,8 Mill. Mark zwar immer noch beiläufig 1 Mill. Mark auf die Abteilung für Mikroskope, aber doch auch schon 430 000 Mark auf die photographischen Objektive entfielen. Der Abteilung für photo=graphische Objektive reihte sich, auch seit 1890, diejenige für optische Meßinstrumente an, in der ebenfalls ausschließlich eigene Konstruktionen der optischen Werkstätte angefertigt werden. Diese Meßinstrumente dienen zur Bestimmung des Lichtbrechungs= und

=zerstreuungsvermögens der verschiedenen Körper behufs Messung von Längen, Krümmungen 2c. Teils sind sie wissenschaftliche Apparate, teils sind sie technischen Zwecken angepaßt, wie die Butteruntersuchungs= und Milchprüfungsapparate.

In jüngster Zeit — seit 1893 — ist endlich noch eine Abteilung für Fernrohre zu den übrigen hinzugekommen. Vorerst widmet sich diese der Herstellung von Feldstechern 2c. ganz eigenartigen neuen Systems, welche bei kompendiöser Gestalt ein sehr großes Gesichtsfeld und mittlere — 4 bis 12fache — Vergrößerung bieten und zugleich den Bildern bei völliger Farbenreinheit eine erhöhte Plastik verleihen. Die Vereinigung dieser günstigen Eigenschaften wird durch die Benutzung des astronomischen Fernrohrtypus und Umkehrung der Bilder vermöge eines Systems spiegelnder Prismen erreicht, wobei an die Farblosigkeit der zu den Prismen verwendeten Gläser und an die Exaktheit der Justierung die höchsten Anforderungen gestellt werden. Der großen Nachfrage vermag die Fabrik, obwohl die Gesamtproduktion sich schon auf 5000 Handinstrumente — 4000 Stück jährlich — beläuft, nur sehr allmählich zu genügen. Der Verkaufswert des Jahresabsatzes belief sich 1895/96 in dieser Abteilung bereits auf 350 000 Mark.

Die Bedeutung der Werkstätte für die Versorgung des Marktes mit optischen Instrumenten erschöpft sich indessen nicht mit der Größe der eigenen Produktion. Auf Grund der Patente, die sie erworben hat, erteilt sie auch Licenzen an andere Fabriken, z. B. für Herstellung der photographischen Objektive und der neu konstruierten Handfernrohre an optische Betriebe in England, Frankreich und Nordamerika. Zugleich unterstützt sie bereitwilligst diejenigen Firmen, mit denen sie auf Grund der Licenzen in Verbindung steht, nach deren Bedürfnis mit Instruktionen über die Ausführung und gewährt ihnen in umfassendem Maße Hülfsleistungen aller Art. Auf solche Weise besteht zwar die Gefahr, daß die hiesige Werkstätte sich selbst eine bedrohliche Konkurrenz heranzieht, eine Gefahr, der sie nur dadurch begegnen kann, daß sie in ihren Leistungen und Neuschöpfungen stets im Vorsprunge bleibt. Andererseits wird sie durch eine derartige Geschäftspolitik der Notwendigkeit überhoben, den eigenen Betrieb in einem Maße zu erweitern, wie er vielleicht auf die Dauer nicht aufrechterhalten werden und deshalb die Lebensfähigkeit des Unternehmens am letzten Ende in Frage stellen könnte.

Welche Entlastung die Existenz dieser geschäftlich selbständigen Filialen in Bezug auf die Kapitalerfordernisse darstellt, vermag man aus der Thatsache zu entnehmen, daß jeder neueingestellte Arbeiter eine Kapitalsvermehrung von durchschnittlich 3000 Mark bedingt. Im ganzen entspricht die Größe des nötigen Geschäftskapitals annähernd dem Werte des Jahresabsatzes. Letzterer beträgt, wie erwähnt, z. B. 1,8 Mill. Mark, während das Anlage= und Betriebskapital einen Gesamtwert von 2 Mill. Mark erreicht. Von der Jahresausgabe entfällt etwa die Hälfte, bisweilen etwas mehr, bisweilen etwas weniger, auf die gezahlten Löhne und Gehälter.

Zur Zeit ist die Zeißsche Werkstatt von allen ausschließlich den Bau wissenschaftlicher Instrumente betreibenden Unternehmungen innerhalb und außerhalb Deutschlands die größte. Am 1. Oktober 1896 waren in ihr nicht weniger als 721 Arbeiter, einschließlich eines Personals von über 50 wissenschaftlichen, technischen und kaufmännischen Beamten für die Leitung des Betriebes, beschäftigt. Außer einer 75pferdigen und einer 60pferdigen Dampfmaschine, von denen die erstere der elektrischen Kraftverteilung, die andere der elektrischen Beleuchtung dient, besitzt sie gegenwärtig über 400 Hülfsmaschinen für feinmechanische und optische Arbeiten. Ihre Erzeugnisse werden zu einem sehr großen Teile auch nach dem Auslande abgesetzt und verfügt die Firma über je eine Handelsniederlassung in Berlin und London, sowie über zahlreiche Agenturen und sonstige Vertretungen in und außerhalb Deutschlands. Sie ist in vollem Sinne eine Weltfirma geworden.

Von dem Personal der Firma, das unter Ausscheidung der einer bestimmten Abteilung nicht Zugewiesenen 679 Köpfe zählte, entfielen zu dem genannten Zeitpunkte auf die optische Abteilung, in welcher nur Glas verarbeitet wird, 17 Werkführer und Abteilungsvorstände, 178 Gehilfen, 22 Hülfsarbeiter und 89 Arbeitsburschen bezw. Lehrlinge, zusammen 306 Personen; auf die mechanische Abteilung, unter Einrechnung der gesamten Arbeiterschaft der Nebenwerkstätten, 22 Werkmeister und Werkstattaufseher, 92 Mechanikergehülfen, 176 Hülfs= und Fabrikarbeiter, 46 Arbeitsburschen, zusammen 369 Personen. Den höchststehenden Teil der Arbeiterschaft stellen innerhalb der mechanischen Abteilung die Mechaniker im engern Sinne dar. Die letzteren sind in mehrjähriger Lehrzeit hier oder in anderen Werkstätten für die hochqualifizierte Arbeit, die sie zu leisten haben, allseitig vorgebildet. Alle übrigen sind Fabrikarbeiter, die für ihre arbeitsteiligen Funktionen meist in der optischen Werkstätte selbst angelernt sind. Unter ihnen sind die Optiker diejenigen, welche die wichtigsten und schwie=

rigsten Specialitäten vertreten und deshalb bei besonderem Geschick sehr hohe, vielleicht im Vergleich mit den Mechanikern unverhältnismäßig hohe Löhne erzielen. Diese umfassen die Kategorien der Schleifer, Polierer, Centrierer und Fasser. Den Geschicktesten und Höchststehenden ist die Bearbeitung der stärksten (kleinsten) Mikroskoplinsen anvertraut. Ihre Leistungen erheben sich in ihrer Art zur Höhe wirklicher Kunstleistungen. Die Anforderungen, die an die Genauigkeit dieser Arbeit gestellt werden, sind so hoch und vielseitig, daß die Leistungen nahe an die Grenze des der menschlichen Hand Erreichbaren gehen. Jedenfalls giebt es kein anderes technisches Gebiet, in dem ähnliches gefordert und erzielt wird[1]. Jedes Jahr wird eine dem jeweiligen Umfange des Betriebes entsprechende Anzahl sogenannter Arbeitslehrlinge — jugendliche Arbeiter ohne besonderen Lehrvertrag — eingestellt. Außer diesen werden einzelne Mechanikerlehrlinge angenommen. Die ersteren werden je nach Brauchbarkeit und Bedarf den einzelnen Werkstätten zugewiesen, lernen vier Jahre, empfangen aber vom ersten Tage an Wochenlohn, im ersten Jahre 5 Mark, dann aufsteigend 6, 7 und schließlich 8 Mark. Sind sie hinreichend fähig und brauchbar, so werden sie im vierten oder gar schon im dritten Lehrjahre zur Accordarbeit zugelassen, nur bleiben in diesen Fällen die Accordlohnsätze bei den im dritten Lehrjahre Stehenden um 20 Prozent, bei den im vierten Lehrjahre Stehenden um 10 Prozent hinter den allgemeinen Sätzen zurück.

Die auf Lehrvertrag angenommenen Mechanikerlehrlinge, die überdurchschnittliche Fähigkeiten nachweisen müssen, lernen ebenfalls vier Jahre in den mechanischen Werkstätten, zunächst unter einem besonders bestellten Lehrmeister, erhalten keinen Lohn und haben sogar, wenn sie bemittelt sind, ein Lehrgeld von 300 Mark zu

---

[1] Die Forderungen, welche an die Leistungen der Optiker und Fasser gestellt werden, gipfeln in folgendem:
1. Die Flächen der Linsen dürfen von der mathematischen Kugelform nirgends mehr als um $1/10000$ mm abweichen. Gleichzeitig müssen die Dicken der Linsen auf $1/100$ bis $2/100$ mm genau der Vorschrift entsprechen.
2. Beim Zusammensetzen (Fassen) müssen die Abstände der Linsen voneinander ebenfalls bis zu $1/100$ bis $2/100$ mm genau sein. Dabei ist gleichzeitig ihre Centrierung auf Tausendstel mm genau herzustellen, d. h. die Scheitel (dickste bzw. dünnste Stellen) dürfen nirgends um mehr als solchen Betrag von einer durchgelegten geraden Linie abweichen.

Dieses beides, zusammengehalten mit der Kleinheit der Linsen, — es kommen Durchmesser von wenigen Zehntel mm vor — ergiebt das Maß der Schwierigkeiten bei zum Teil überhalbkugligen Flächen.

zahlen. Die Zahl der im Laufe eines Jahres eingestellten Arbeiterlehrlinge beläuft sich gegenwärtig auf 40 bis 50. Manche von ihnen werden als nicht hinlänglich brauchbar wieder ausgeschieden. Die Zahl der jährlich aufgenommenen Lehrlinge im engeren Sinne beschränkt sich auf vier bis sechs. Die Fürsorge für die Lehrlinge ist in jeder Beziehung eine weitgehende. Es wird vor allem für ihre geistige Ausbildung besonders gesorgt. Für die ungenügend Ernährten werden besondere Mittagsgeldzuschüsse geleistet u. s. w.

Der durchschnittliche Verdienst aller über 24 Jahre alten Arbeiter belief sich im Geschäftsjahre 1894/95 auf 4,19 Mark, im Jahre 1895/96 auf 4,51 Mark täglich. Für diejenigen unter ihnen, die schon über drei Jahre im Betriebe beschäftigt waren, erhöhen sich die Sätze auf 4,48 bzw. 4,86 Mark.

Im einzelnen stellten und verteilten sich die durchschnittlichen Tagesverdienstsätze der über 24 Jahre alten und über drei Jahre in der Werkstätte beschäftigten Arbeiter unter Ausschluß der Vorarbeiter, die als solche an der Accordarbeit nicht teilnehmen, folgendermaßen:

Verdienstsätze	Arbeiter	
	1894/95	1895/96
2,00—2,50	1	5
2,51—3,00	7	10
3,01—3,50	16	15
3,51—4,00	30	21
4,01—4,50	32	33
4,51—5,00	17	28
5,01—5,50	21	32
5,51—6,00	14	23
6,01—6,50	8	11
6,51—7,00	4	10
7,01—7,50	1	8
7,51—8,00	1	—
8,01—8,50	—	1
8,51—9,00	—	2
Zusammen	152	199
Höchster Verdienst	7,91	8,96
Niedrigster "	1,75	2,07

Es betrug ferner der durchschnittliche Tagesverdienst für die Arbeiter im Alter von

	1894/95	1895/96
22—24 Jahren inkl.	3,53 Mark	3,60 Mark
19—21 " "	2,67 "	2,83 "
14—18 " "	1,27 "	1,27 "

Mit Gehalt angestellte Beamte, Comptoiristen und Werkmeister gab es 1894/95 78, im folgenden Jahre 92.

Die Arbeiterschaft ist eine in jeder Beziehung hochstehende. Was geistige Interessen und geistige Regsamkeit betrifft, fällt ein Vergleich mit den entsprechenden Kreisen des alten Mittelstandes entschieden zu Gunsten der Arbeiter aus. Eine erhebliche Anzahl der älteren Arbeiter sind Besitzer von Häusern, die sie vielfach unter Beihülfe amortisierbarer Darlehen aus dem Reservefonds der Carl Zeiß-Stiftung erwarben.

Anders als in der optischen Werkstätte liegen die Arbeiterverhältnisse in dem Glaswerke. Ein Teil der Arbeiter sind Tagelöhner, ohne systematische Schulung. Nur bei der Glasbläserei finden besonders geschulte Kräfte Verwendung, die man zunächst von auswärts heranzog, bis eine hinreichende Anzahl Einheimischer ausgebildet war. Über die Verwendung der neueingestellten jungen Leute entscheidet lediglich die Brauchbarkeit der Einzelnen. Die Fähigeren unter ihnen werden zu Glasmachergehülfen ausgebildet, die übrigen unter die Tagelöhner eingereiht. Die volle Ausbildung eines Glasmachergehülfen erfordert meist mehrere Jahre. Da die Fabrik sich noch im Entwickelungsstadium befindet, haben sich die Arbeitsverhältnisse noch nicht völlig konsolidiert. Die Arbeitsorganisation ist die in Glashütten übliche. Die eigentlichen Glasmacher arbeiten in Gruppen, — Stühle genannt, — die aus einem Meister mit ein oder zwei Gehülfen und einer Anzahl von Lehrlingen bestehen. Die Arbeit wird an den Meister im Accord verdungen, die Gehülfen und Lehrlinge erhalten Tagelohn, dessen Höhe man mit Rücksicht auf die Höhe der Accordsätze zu bemessen pflegt. Der gesamte Verdienst, der nach Abzug der Tagelöhne verbleibt, fließt ungeschmälert dem Meister des Stuhles zu. Zur Zeit zählt man in der Hütte 10 Stühle. Die übrige Arbeiterschaft steht teils im Einzelaccord, teils im Zeitlohn. Die verantwortungsvollste Arbeit fällt den Schmelzern zu, die mit der Bereitung des Glases und der Herstellung der Glashäfen betraut sind. Von 17 Meistern verdienen 13, unter denen sich der die Oberaufsicht führende Schmelzmeister befindet, täglich 6 Mark und darüber, die übrigen 4,50—6 Mark. Ihnen stehen die vier Schmelzer und der Maschinenmeister mit 4—4,50 Mark am nächsten. Für die Masse der älteren Glasmachergehülfen (18) und Accordarbeiter (28) stellt sich der tägliche Arbeitsverdienst auf 3—4 Mark, für die jüngeren Gehülfen (14) auf 2,50—3 Mark. Die Tagelöhner (41), bis auf einige (3) besser gestellte, empfangen 2,50—3,50 Mark. Die jugendlichen Arbeiterlehrlinge (24) wie Tagelöhner (22) 1,20—1,50 Mark, die Packerinnen (20) 1,50 Mark.

Anfangs war in dem Zeißschen Betriebe, wenn auch wohlwollende und gerechte Behandlung der Mitarbeiter stets üblich war, von einer besonderen Arbeiterfürsorge nichts zu bemerken, geschweige denn von einer solchen, die irgendwie das Maß dessen, was auch in anderen Betrieben sich vorfand, überstiegen hätte. Der Betrieb war ursprünglich auch — abgesehen davon, daß der damaligen Zeit, mithin auch dem Leiter der Werkstatt, socialpolitische Gesichtspunkte noch fern lagen — viel zu klein, als daß er auf diesem Gebiete irgend etwas besonderes hätte leisten können. Immerhin wurde im Jahre 1875 schon, zu einer Zeit, in welcher die Zahl der beschäftigten Arbeiter nicht über 60 hinausging, eine eigene Krankenkasse gegründet, in welche jeder beschäftigte Gehülfe einzutreten verpflichtet war. Die Kasse gewährte ihren Mitgliedern außer freier ärztlicher Behandlung durch einen angestellten Kassenarzt und freien Medikamenten bei eingetretener Arbeitsunfähigkeit für die ersten sechs Wochen eine von der Generalversammlung jährlich festgesetzte Geldunterstützung, die im Falle längerer Krankheitsdauer für weitere sechs Wochen in halber Höhe fortbezahlt wurde. War nach Ablauf von zwölf Wochen die Erwerbsunfähigkeit nicht gehoben, so hing das weitere von den Beschlüssen der einzuberufenden Generalversammlung ab. Bei Todesfällen wurden 30 Mark Sterbegeld gezahlt. Gespeist wurde die Kasse lediglich durch Mitgliederbeiträge. Der Geschäftsinhaber leistete nur gelegentliche, keine regelmäßigen Zuschüsse.

Zu Ende des Jahres 1884 wurde diese Krankenkasse infolge des Reichsgesetzes vom 15. Juni 1883 in eine **Betriebskrankenkasse** umgewandelt, die ihren Mitgliedern persönlich das gesetzlich gestattete Unterstützungsmaximum für ein halbes Jahr bei freier Ärztewahl gewährte. Das Krankengeld wurde auf drei Viertel des Lohnes bemessen. Bei mehr als halbjähriger Krankheitsdauer konnte der Vorstand auf weitere dreizehn Wochen eine auf das Maß des Notwendigen verminderte Unterstützung bewilligen. Das Sterbegeld wurde auf 50 Mark erhöht. Die Beiträge für die Mitglieder wurden bis auf weiteres auf 1,8 Prozent des festen Lohns normiert, wovon die Firma nur das gesetzliche Drittel zahlte. Die Verwaltung blieb völlig den versicherten Arbeitern selbst überlassen. Die Firma beschränkte sich unter Verzicht auf die weitergehenden Rechte, welche das Gesetz den Arbeitgebern eingeräumt hatte, auf den Vorbehalt, an allen Verhandlungen mit beratender Stimme teilzunehmen. Der Vorstand wurde angewiesen, seine Entschließungen hinsichtlich der Kassenleistungen zwar mit thunlichster Schonung der Kassenmittel zu fassen, doch aber dieselben in erster Linie immer darauf zu richten, daß dasjenige geschehe, was im Interesse der Genesung des Kranken als das Ratsamste erscheint.

Die Statutenrevision, zu welcher der Erlaß der Krankenkassen= novelle vom 10. April 1892 nötigte, gab der Firma Veranlassung, aus freien Stücken ihre Zuschüsse erheblich zu steigern und dadurch eine wesentliche Erweiterung der Kassenleistungen zu ermöglichen. War bisher der Kreis der Versicherten auf das beschäftigte Personal selbst beschränkt geblieben, so wurde nunmehr die Versicherung auf die nächsten Familienangehörigen, unter außerordentlich weiter Fassung dieses Begriffs, miterstreckt und für diese fortan ebenfalls wenigstens freie ärztliche Behandlung und freie Heilmittel und im Todesfalle Sterbegeld eingeräumt. Diesen erhöhten Leistungen entsprach eine Steigerung des Beitrages auf 3,2 Prozent des festen Lohns und Gehalts, von welchem Satze die Firma nunmehr fünf Achtel für alle ausschließlich für ihre Person und drei Achtel für die zugleich mit Familienangehörigen Versicherten übernahm, so daß nur 1,2 bezw. 2,0 Prozent des versicherten Lohnsatzes von den Versicherten selbst gezahlt werden. Eine Erweiterung ihrer Rechte sicherte sich die Firma nur insofern, als sie sich bei Beitragsänderungen, Statutenänderungen und Kassenauflösung ein Veto vorbehielt. Im übrigen blieben die Grundsätze des alten Statuts erhalten, nur gingen wegen der Ver= größerung des Arbeiterpersonals die Befugnisse und Pflichten der Generalversammlung auf eine nach Abteilungen frei und geheim ge= wählte Vertretungskörperschaft über.

In den Bestimmungen der beiden letzten Krankenkassenstatuten tritt bereits neben der opferbereiten Fürsorge die Anerkennung des freien Selbstbestimmungsrechts der Arbeiter deutlich hervor, ein Grundsatz, der die nachfolgenden größeren Socialschöpfungen des Unternehmens in hervorragendem Maße charakterisiert. Auf dem Ge= biete des Krankenkassenwesens konnte er allerdings nur eine bescheidene Wirksamkeit entfalten.

Was die Firma auf dem Gebiete der Krankenunterstützung lei= stete, tritt indessen völlig zurück hinter dem, was sie durch das bald nach dem Tode von Carl Zeiß unter dem Datum seines Sterbetages, des 3. Dezember 1888, ausgegebene Pensionsstatut vollbrachte. Je mehr das Unternehmen sich ausdehnte und die Zahl der in ihrer wirtschaftlichen Existenz auf dasselbe angewiesenen Personen wuchs, desto mehr entwickelte sich in den Geschäftsinhabern die Überzeugung, dem von ihnen abhängigen Personenkreise gegenüber ein höheres Maß von socialen Pflichten zu besitzen, als in der Regel von privaten Unternehmern anerkannt zu werden pflegt. Hatte auch dieses Bewußtsein sich schon seit längerem in dem Inhalte und Geiste der ganzen inneren Arbeitsordnung ausgeprägt, so erlangte dasselbe doch in dem erwähnten Pensionsstatut zum erstenmal einen auch dem Außenstehenden deutlich erkennbaren Ausdruck. Bevor noch das Reichsgesetz über die Invaliditäts= und Altersversicherung vom 22. Juni 1889 endgültig beraten und beschlossen war, aber vielleicht mitgezeitigt durch die jenes Gesetz vorbereitenden, socialpolitischen Ideenströmungen, verlieh dieses Statut den Beteiligten einen klagbaren Anspruch auf Invaliden= und Altersrente in einer Höhe und in einem Umfange, wie sie das allgemeine Gesetz der Masse der Arbeiter nicht bot und auch nicht bieten konnte. Es blieb nicht einmal bei einer liberal bemessenen Pension für das Betriebspersonal selbst stehen, fügte dieser vielmehr auch noch einen Anspruch auf angemessene Witwen= und Waisenrente hinzu. Die Voraussetzung für die Erwerbung des Anspruchs auf Invalidenrente sowie auch Pensionsversorgung der Hinterbliebenen bildet die Zurücklegung einer mindestens fünfjährigen ununterbrochenen Dienstzeit für Arbeiter und Gehülfen. Im übrigen bemessen sich die Pensionsansprüche bis zu einer gewissen Maximalgrenze nach dem festen Wochen= oder Monatslohn, mit welchem der Betreffende bei Eintritt der Invalidität oder zur Zeit seines Todes eingestellt war, ohne Rücksicht auf Accord-Überverdienst, Remuneration u. dgl. Das anrechnungsfähige Maximum beträgt, solange noch nicht volle 10 Dienstjahre erreicht sind, 80 Mark, vom 11. bis zum 15. Dienstjahre 100 Mark, nach Vollendung des 15. Dienstjahres jedoch 120 Mark pro Monat; für Werkmeister, Comptoirbeamte und sonstige Geschäftsgehülfen erhöhen sich die Maximalsätze auf 100, 130 und 160 Mark. Für die auf Grund besonderer Verträge angestellten oberen Geschäftsbeamten bleibt die Festsetzung der Höhe des pensionsfähigen Jahresgehalts von Fall zu Fall besonderer Vereinbarung vorbehalten. Nur wer beim Eintritt in den Dienst der Firma das 40. Lebensjahr überschritten hat, bleibt von allen Pensionsansprüchen ausgeschlossen.

Von dem pensionsfähigen Lohn oder Gehalt beträgt vom Beginn des 6. bis zum vollendeten 15. Dienstjahr die Invalidenpension gleichmäßig 50 Prozent. Vom 16. Dienstjahr ab steigt sie mit jedem weiteren Jahr um je ein Prozent bis zum vollendeten 40. Dienstjahr, in welchem der höchste Satz von 75 Prozent erreicht wird. Die Voraussetzung des Pensionsbezuges ist in der Regel vollständige Invalidität. Bei nur verminderter Arbeitsfähigkeit wird die Pension erst dann gewährt, wenn der Arbeitsverdienst, den der betreffende Arbeiter oder Beamte mit seinen bisherigen oder diesen ähnlichen Verrichtungen im Betrieb noch erreichen kann, unter den Betrag des Pensionsanspruchs herabgeht. Jedoch bleibt der Pensionsempfänger alsdann bei Verlust seines Anspruchs verpflichtet, solchen seinen früheren Funktionen nahe stehenden Verrichtungen, zu welchen ihm im Betrieb Gelegenheit geboten werden kann, nach dem Maß seiner Kräfte sich zu unterziehen.

Ein Ruhegehalt steht in gleicher Höhe wie die Invalidenpension, ohne daß es eines Nachweises der Arbeitsunfähigkeit bedürfte, jedem zu, der das 65. Lebensjahr zurückgelegt und zugleich eine mindestens 30jährige Dienstzeit erreicht hat.

Als Dienstzeit wird den Geschäftsangehörigen diejenige Zeit in Anrechnung gebracht, in welcher sie nach Vollendung des 19. Lebensjahres im Dienst der Firma ohne Unterbrechung thätig gewesen sind. Arbeitsunterbrechungen, die lediglich durch Krankheit oder durch zeitweilige Einberufung zum Heeresdienst veranlaßt sind, werden von der Dienstzeit nicht in Abzug gebracht. Auf den regelmäßigen Militärdienst wird diese Bestimmung nur ausgedehnt, wenn der Einberufene schon vor vollendetem 16. Lebensjahr in den Dienst der Firma getreten ist.

Die Pension, zu der jede Witwe, die nicht um mehr als 20 Jahre jünger ist als ihr Ehemann, bis zur Wiederverheiratung berechtigt ist, beträgt stets vier Zehntel der Invalidenrente, welche der verstorbene Ehemann bezogen hat oder welche ihm zur Zeit seines Todes im Invaliditätsfall zugestanden haben würde. Der Pensionsanspruch hinterlassener Kinder dauert je bis zur Vollendung des 15. Lebensjahres und ist für jedes Kind auf zwei Zehntel von der Invalidenrente des Vaters normiert. Doch brauchen für Witwe und Waisen zusammen nicht mehr als acht Zehntel vom Pensionsanspruch des Verstorbenen gewährt zu werden. Hat der Verstorbene erst nach vollendetem 45. Lebensjahr oder im Zustande der Gebrechlichkeit oder sichtbarer Krankheit seine Ehe geschlossen, so sind seine Hinterbliebenen von allen Pensionsrechten ausgeschlossen.

Auf weibliche Geschäftsangehörige finden die Pensionsbestimmungen sinngemäße Anwendung. Es werden indessen Frauen in der optischen Werkstätte nur in geringer Anzahl — 6 bis 8 — und lediglich in der Expedition beschäftigt.

Auf die gewährten Pensionen wird die etwaige reichsgesetzliche Alters- oder Invalidenrente, da die Zahlung der gesamten Versicherungsbeiträge von der Firma übernommen ist, zum vollen Betrage, etwaige sonstige Pensionsbezüge aus öffentlichen Kassen, ebenso alle durch persönliche Thätigkeit gewonnenen regelmäßigen Einnahmen zur Hälfte angerechnet. Auswanderung, sowie Verurteilung unter Aberkennung der bürgerlichen Ehrenrechte hat den Verlust der etwa bezogenen Pension zur Folge. Im ersteren Falle werden jedoch zwei Jahrespensionen als Entschädigung gewährt.

Daß in einem Betriebe, in welchem dem Arbeitspersonal so weitgehende Rechte, wie in den erwähnten Statuten, eingeräumt sind, auch das eigentliche Arbeitsverhältnis in ähnlichem Geiste geordnet wurde, versteht sich fast von selbst. Die Regeln, welche hierfür gelten, verdanken ihren Ursprung keinem spontanen Akte, sie sind vielmehr im Laufe der Zeit allmählich an der Hand der praktischen Erfahrungen herausgebildet worden, so daß meistens die Möglichkeit fehlt, im einzelnen ihre Entstehung genauer zu verfolgen. Wenn schließlich im Jahre 1892 unter eingehender Einzelberatung mit einem Werkmeister- wie mit einem Arbeiterausschuß, die beide ad hoc vorübergehend gebildet wurden, eine als „Arbeitsvertrag" bezeichnete Arbeitsordnung in der optischen Werkstätte gemäß den neuesten Bestimmungen der Gewerbeordnungsnovelle vom 1. Juni 1891 erlassen wurde, so erscheint dies im wesentlichen nur als eine rechtsgültige Kodifikation alles desjenigen, was thatsächlich seit längerem schon fester Brauch geworden war. Dabei verfolgen die Bestimmungen der Arbeitsordnung durchweg das Ziel, nicht nur die allgemeinen Verpflichtungen, die den Arbeitern auferlegt werden, auf das im Interesse des Betriebes unbedingt gebotene Maß zu beschränken, sondern auch, soweit der Geschäftsleitung im Betriebsinteresse Abweichungen von der regelmäßigen Ordnung vorbehalten bleiben, ihrer Verfügungsgewalt im Interesse der Arbeiter ebenfalls feste und enge Grenzen zu ziehen, so daß jede willkürliche Ausnutzung der Arbeitskraft ausgeschlossen ist. Mit Ausnahme der Maschinisten, Heizer, Hausdiener und Wächter, mit denen wegen der Natur ihres

Dienstes besondere Vereinbarung getroffen wird, ist für alle Arbeiter gleichmäßig eine neunstündige tägliche Arbeitszeit, unterbrochen durch eine halbstündige Frühstücks= und eine anderthalbstündige Mittagspause, eingeführt. Falls infolge von Betriebsstörungen die Arbeit zeitweilig beschränkt werden muß, hat die Geschäftsleitung das Recht, hernach die regelmäßige tägliche Arbeitszeit für die betroffenen Betriebs= abteilungen vorübergehend bis auf 10 Stunden zu erhöhen, jedoch nicht für einen längeren Zeitraum, als zur Ausgleichung des voran= gegangenen Arbeitsausfalles erforderlich ist, und höchstens auf die Dauer von 13 Wochen. Die neunstündige Arbeitszeit bedeutet jedoch nicht lediglich ein Pflichtmaß der Arbeiter, sie ist zugleich ein ihnen zustehendes Recht und ist daher die Firma — von Betriebstörungen abgesehen — verpflichtet, an allen Werktagen die Arbeitsstätten für so lange in Betrieb zu halten oder ohne Arbeitsleistung den vollen Lohn fortzuzahlen. Nur wenn aus irgend welcher Veranlassung in einer Betriebsabteilung mehr als die Hälfte der jeweils in ihr be= schäftigten Personen abwesend ist, hat sie die Befugnis, die Ab= teilung vor Beendigung der regelmäßigen Arbeitsschicht zu schließen. Aus anderen als den vorgenannten Gründen darf die Firma die tägliche Arbeitszeit lediglich nach Ablauf der für den Arbeitsvertrag überhaupt geltenden 14tägigen Kündigungsfrist verkürzen, — schein= bar eine Konsequenz des angenommenen Grundsatzes, daß die Arbeits= ordnung eine zwischen Geschäftsleitung und Arbeitern vertragsmäßig vereinbarte sei, thatsächlich aber die freie Anerkennung, daß die sitt= liche Natur des freien Arbeitsverhältnisses es mit sich bringt, daß dem Arbeiter nicht ohne seine ausdrückliche Zustimmung, nach Willkür der Arbeitgeber und beliebig, Arbeitsgelegenheit und Verdienst im Betriebe verkürzt werden darf und daß dahingehende Willkür nicht aufhört Willkür zu sein, auch wenn sie vertragsmäßig vorbehalten wird.

Jeder Gehülfe und Arbeiter hat Anspruch auf einen festen Wochenlohn, der mit ihm zu vereinbaren ist und für 54 wöchentliche Arbeitsstunden gilt. Dieser Lohn wird jedem nach Verhältnis der that= sächlich geleisteten Arbeitszeit wöchentlich ausbezahlt, auch bei Accord= arbeit als regelmäßige Abschlagszahlung. Um nach Möglichkeit zu verhüten, daß der Arbeiter durch unzutreffende Accordpreise geschädigt werde, ist unter Erfüllung einer von den organisierten Mechaniker= gehülfen Deutschlands formulierten Forderung bei allen in Accord über= nommenen Arbeiten der Wochenlohn, mit welchem der Betreffende eingestellt ist, nach Verhältnis der aufgewendeten Arbeitszeit als

Mindestverdienst gewährleistet. Für Überstunden und ausnahmsweise geleistete Sonn- und Feiertagsarbeit muß stets der um 25 Prozent erhöhte regelmäßige Zeitlohn gewährt werden. Bei Accordarbeit ist der Zuschlag als Vergütung neben dem verdienten Stücklohn zu zahlen. Zur Leistung von Überstunden oder Sonn- und Feiertagsarbeit im Betriebe ist niemand verpflichtet und darf niemand zu solcher angehalten werden. Nur zu Arbeiten, welche behufs ungestörter Fortführung des Betriebes außerhalb der regelmäßigen Arbeitszeit besorgt werden müssen, sind diejenigen verpflichtet, deren Arbeitsstellung die Teilnahme an den betreffenden Arbeiten mit sich bringt. Doch soll auch in diesen Fällen unter gewöhnlichen Umständen niemand zu mehr als zehn Überstunden in der Woche, einschließlich Sonntagsarbeit, herangezogen werden.

Selbstverständlich verpflichtet die Arbeitsordnung andererseits jeden Arbeiter zur regelmäßigen und pünktlichen Einhaltung der Arbeitsperioden. Aber weder für die Verletzung dieser Verpflichtung noch für irgend sonstige Vergehen verhängt sie Strafen. Außer zur Abzahlung empfangener Vorschüsse oder zur Ersetzung verschuldeten Schadens an Inventar, Arbeitsstücken oder Werkzeugen dürfen dem Arbeiter keinerlei Abzüge vom fälligen Lohnverdienst gemacht werden und kann außerdem der Ersatzanspruch von der Firma nur geltend gemacht werden unter der Voraussetzung, daß der Arbeiter selbst oder das Gewerbegericht ihn als berechtigt anerkennt. Die Geschäftsleitung glaubt in dem s. Z. von den Arbeitern selbstgewollten vierzehntägigen Kündigungsrechte, welches eine sofortige Auflösung des Vertrages in den von der Gewerbeordnung zugelassenen Fällen nicht ausschließt, ein völlig ausreichendes Mittel zu besitzen, um sich gegen dauernde Pflichtverletzung von seiten der Arbeiter zu schützen und die erforderliche Arbeitsdisciplin aufrecht zu erhalten. Bisher haben ihr die Erfahrungen darin Recht gegeben. Denn die Vorteile, welche dem Arbeiter in diesen Betrieben eingeräumt sind, im Vergleich zu denjenigen, welche andere Arbeitsstellungen zu bieten vermögen, sind so bedeutend, daß ihn in der Regel sein eigenes Interesse zur strengen Pflichterfüllung bestimmt. Überdies hat die Achtung vor der Menschenwürde im Arbeiter und die peinliche Wahrung seiner persönlichen Gleichberechtigung, welche zur Ausscheidung alles dessen führte, was an Herrenrechte erinnern könnte, dem Geiste der Auflehnung alle Nahrung entzogen und in der Arbeiterschaft zugleich mit der Hebung ihres berechtigten Selbstbewußtseins ein so hohes Maß von Pflichtgefühl erzeugt, daß der Verzicht auf die gröberen disciplinären Mittel ohne Schaden ertragen werden konnte. Zeigen sich trotz alledem in der Arbeiterschaft Elemente, welche der allgemeinen und notwendigen Ordnung sich nicht fügen wollen, dann wird allerdings gegen diese um so rigoroser vorgegangen. Erweist sich bei diesen eine erstmalige Verwarnung als erfolglos, so werden sie beim nächsten Vergehen ausgemerzt. Die strenge Praxis bildet den Schutz der milden.

Besondere Hervorhebung verdienen schließlich die Bestimmungen über das Verfahren bei Betriebsstörungen, die zur Arbeitsverkürzung oder gar zur gänzlichen Einstellung des Betriebes nötigen. Solche Vorkommnisse heben den Dienstvertrag grundsätzlich auf. Das Arbeitsverhältnis gilt jedoch als fortgesetzt, sofern nur im gegebenen Falle die Firma das Einbringen des eintretenden Lohnausfalles nach Beseitigung der eingetretenen Störung zusichert und dieses Einbringen mit der zugelassenen Verlängerung der täglichen Arbeitszeit innerhalb dreizehn Wochen möglich ist. Wird auf diese Bedingung hin der Arbeitsvertrag aufrecht erhalten, so hat der Arbeiter Anspruch auf Fortzahlung des der ausfallenden Arbeitszeit entsprechenden Wochenlohns als Vorschuß auf die später zu leistende Arbeit, eine außerordentlich segensreiche Bestimmung, die den auf fortlaufende Lohneinnahmen angewiesenen Arbeiterhaushalt in solchen Fällen vor empfindlichen Gleichgewichtsstörungen bewahrt.

Das im übrigen erst später zu erörternde allgemeine Statut hat die vorstehenden Bestimmungen teils erweitert, teils beschränkt. Nach diesem müssen die Arbeiter, wenn sie im Falle von Betriebsstörung den Arbeitsvertrag fortsetzen wollen, sich rechtsverbindlich verpflichten, ihren Wohnsitz am Orte zu behalten und jederzeit zur Hülfsleistung behufs Beseitigung der Störung und Wiederaufnahme der Arbeit zur Verfügung zu bleiben. Den vorgeschossenen und während der Betriebsunterbrechung nicht abverdienten Lohn brauchen sie anderseits nur noch zur Hälfte später durch Überstunden abzutragen. Dem gegenüber sind sie verpflichtet, äußersten Falles bis zu neun Überstunden in der Woche während der Dauer eines Jahres zu leisten oder bei Nichterfüllung dieser Verpflichtungen den ohne Gegenleistung bezogenen Lohn zurückzuerstatten.

Gleich weitgehende Rechte, wie die optische Werkstätte, hat das Glaswerk in Rücksicht auf die Jugendlichkeit des Unternehmens noch nicht geglaubt seinen Arbeitern einräumen zu dürfen. Außer den allgemein üblichen Vertragsbestimmungen enthält die hier geltende Arbeitsordnung nur die Gewährung des vereinbarten Zeitlohns als

Mindestverdienst bei Accordarbeiten, die Abschaffung aller willkür=
lichen und Strafabzüge bei der Lohnzahlung, sowie die Verpflichtung
der Firma zur Offenhaltung des Betriebes während der festgesetzten
täglichen Arbeitsstunden. Die regelmäßige tägliche Arbeitszeit be=
trägt hier im Sommer 10, im Winter 9$^{1}/_{2}$ Stunden ausschließlich
der Pausen. Auch die effektive Arbeitszeit der an den Öfen mit
Verarbeiten der Glasmasse beschäftigten Personen, welche gemäß der
Natur des Arbeitsprozesses eine regelmäßige nicht sein kann, soll
10 Stunden nicht überschreiten.

Krankenkassen= und Pensionskassenstatut gelten bei beiden Be=
trieben als Bestandteile des Arbeitsvertrages.

Alle die vorgeschilderten Maßnahmen und Schöpfungen können,
rein äußerlich betrachtet, zunächst wohl als Wohlfahrtseinrichtungen
gelten, wie sie ähnlich, wenn auch vielleicht nicht in gleichem Um=
fange, auch bei anderen Unternehmungen vorkommen. Aber obschon
sie zweifellos der Wohlfahrt der Arbeiter zu dienen bestimmt sind,
so hat doch nichts weniger als eine patriarchalische Auffassung des
großindustriellen Arbeitsverhältnisses das Motiv zu ihrer Begrün=
dung abgegeben. Vielmehr war die Anschauung maßgebend, daß das
geltende allgemeine Arbeitsrecht Licht und Schatten zwischen den
beiden Vertragsparteien allzu ungleich verteile, dem Unternehmer in
der Geltendmachung wirtschaftlicher Übermacht, welche ihm der
Kapitalbesitz in der Regel verleiht, zu wenig Schranken zöge, dem
Arbeiter andererseits im Verhältnis zur Schwäche seiner wirtschaft=
lichen Stellung zu wenig Rechtsschutz einräumte. Aus dieser
Anschauung heraus ist sehr früh schon allgemein, wie die nähere
Betrachtung ergeben hat, das Bestreben darauf hinausgegangen,
die Wohlfahrtsmaßregeln, die getroffen wurden, nicht nur nach Mög=
lichkeit den tiefer begründeten wirtschaftlichen und socialen Bedürf=
nissen des Arbeiterstandes und der Natur des Arbeitsverhältnisses
innig anzupassen, sondern vor allem auch aus ihnen feste Rechtsan=
sprüche herzuleiten, damit sie willkürlichen Änderungen zu Ungunsten
der Arbeiter möglichst entrückt würden und deren wirtschaftliche und
sociale Lage den erforderlichen festen Boden gewänne. Indessen jede
eingehendere Erwägung mußte bei konsequentem Gedankengange als=
bald immer wieder zu der Einsicht führen, daß ein solches Ziel, wie
es hier erstrebt wurde, mit den bisher angewandten Mitteln auf die
Dauer nicht mit voller Sicherheit erreicht werden konnte. Das

Unternehmen, in dem solche Bestrebungen gepflegt wurden, war ein privates, betrieben wie jeder andere Fabrikbetrieb mit dem Kapital und auf Rechnung einzelner Personen. Mochte man noch so viele Rechte für die Arbeiter schaffen, und noch so sehr und noch so energisch sich gegen patriarchalische Auffassungen verwahren, es blieb trotz alledem die Thatsache unverrückbar bestehen, daß keines der einzelnen Statute, die solche Rechte verliehen, insoweit es sich nicht lediglich um Erfüllung allgemein gültiger gesetzlicher Vorschriften handelte, eine andere Grundlage hatte, als die freie und freiwillige Entschließung der Unternehmer. Die Dauer jeder Bestimmung reichte, von schon erworbenen Bezugsrechten abgesehen, nur gerade so weit, als die Betriebsinhaber bereit und imstande waren, die Statuten in der ursprünglichen Gestalt aufrecht zu erhalten; von objektiv begründeten Rechten der Arbeiter konnte daher nicht mit Grund gesprochen werden. Aber wenn auch die Personen, in deren Händen die Leitung ruhte, in ihrer Gesinnung volle Gewähr boten, daß, so lange sie lebten und regierten, kein Wandel einträte, wer vermochte dafür zu bürgen, daß die gleichen thatsächlichen Garantien auch in ihren dereinstigen Nachfolgern gegeben wären? Dazu kommt ein anderes: Soweit geldwerte Ansprüche rechtsgültig begründet wurden, genügten ja nicht einmal die fortdauernden socialen Gesinnungen in der Geschäftsleitung zu ihrer Sicherung, es mußten auch materielle Garantien geschaffen werden, um ihre dauernde Erfüllung hinreichend zu sichern. Wer wollte sich unterfangen, die späteren Schicksale eines privaten Unternehmens vorauszusehen oder gar zu verbürgen? Wer konnte wissen, ob die optische Werkstätte für alle Zukunft in gleicher Weise fortblühen werde, wer voraussagen, ob in Zukunft alle späteren Unternehmer mit der nötigen Gewissenhaftigkeit und Umsicht die Fonds ansammeln und sicherstellen würden, die erforderlich sind, um die jeweils erwachsenen und zu erwartenden Pensionsansprüche genügend zu fundieren? Und sollten diese es unterlassen, wer konnte sie hierzu nötigen und woher sollten die Mittel zur Befriedigung der Pensionsberechtigten genommen werden, wenn das Unternehmen in Verfall geriet und nicht hinreichende Vermögenswerte übrig ließ zur Deckung jener Ansprüche?

Derartige Erwägungen mußten, wenn ernstlich der Wille bestand, das Gebiet patriarchalischer Wohlfahrtseinrichtungen zu verlassen und ein wirkliches neues Arbeitsrecht innerhalb des Unternehmens mit einiger Gewähr der Dauer zu schaffen, notwendig und unwillkürlich zu weiteren Schritten drängen. Es galt, das was ins

Leben gerufen war und was etwa später noch ins Leben gerufen werden sollte im Interesse der schaffenden Arbeit, dem Bereiche des subjektiven Ermessens zu entrücken und auf eine objektive Rechtsgrundlage zu stellen. Das aber konnte nicht geschehen ohne die Voraussetzung eines ganz ungewöhnlichen Maßes von Selbstverleugnung und persönlicher Opferwilligkeit von seiten der derzeitigen Geschäftsinhaber. Der Erfüllung dieser Voraussetzung in einem von ihnen verdankt Deutschland eine socialpolitische Schöpfung, die zu den interessantesten und idealsten, aber auch zu den erfolgversprechendsten gehört unter allen, die bis dahin bekannt geworden sind.

Nachdem Dr. Roderich Zeiß, der Sohn des obengenannten Dr. Carl Zeiß, seit dem Tode des Vaters im Jahre 1888 Abbes einziger Partner, im folgenden Jahre freiwillig von der Geschäftsführung zurückgetreten war und die letztere Abbe ausschließlich überlassen hatte, faßte dieser, um seine langgehegten, weitreichenden socialpolitischen Ideen einer vollkommeneren Verwirklichung entgegenzuführen, den ebenso kühnen wie hochherzigen Entschluß, das ganze Unternehmen mit dem 1. Juli 1891 in eine selbständige unveräußerliche Stiftung zu verwandeln und seine bisherige Unternehmerstellung mit der bescheideneren eines angestellten Mitgliedes der Geschäftsleitung zu vertauschen. In einem Statute, dessen Bestimmungen während der ersten Jahre nach der Stiftungsbegründung nur provisorisch zur Anwendung gelangten und daher der Öffentlichkeit entzogen blieben, sind die Grundsätze und Regeln niedergelegt, welche bei der Verwaltung der Stiftung und ihrer Betriebe maßgebend sein sollen und welche in der Hauptsache denjenigen Normen entsprechen, nach denen ohnehin schon bei der Firma seit längerem verfahren wurde. Dieses Statut ist nach mehrjähriger Erprobung und Prüfung nunmehr unter Einbeziehung einzelner wichtiger Neuerungen, z. B. der später zu erwähnenden Abgangsentschädigung, im Spätherbste des verflossenen Jahres (1896) bei Gelegenheit des 50jährigen Jubiläums der optischen Werkstätte in seiner definitiven Gestalt bestätigt und veröffentlicht worden und damit zugleich die Umwandlung der Unternehmungsform zum völligen Abschluß gebracht. Der gewählte Weg erschien dem Stifter als der einzige, auf dem es möglich wäre, seinem Unternehmen gesicherte Grundlagen für Fortbestand auf lange Zeit zu verschaffen und es dem Einfluß privaten Beliebens und allen den Zufälligkeiten und Schwankungen zu entrücken, denen jedes Privatunternehmen als solches im Laufe der Zeit unterworfen ist. In eigenartiger Weise wurde die so begründete Schöpfung dem Schutze des Staates unterstellt, indem der Stifter die Rechte und Obliegenheiten der Stiftungsverwaltung, sowie die Vertretung der Stiftung als juristischer Person für die Zukunft auf dasjenige Departement des Weimarischen Staatsministeriums, welches mit den Angelegenheiten der Universität jeweils betraut ist, z. Z. also das Kultusdepartement, übertrug. In hohem Grade interessant ist es, ihn, der trotz seines socialen Radikalismus jeden Socialismus im eigentlichen Sinne, insbesondere den Staatssocialismus im landläufigen Sinne, durchaus verwirft, doch behufs Sicherstellung seiner Schöpfung auf den Staat rekurrieren zu sehen, als das einzige Gebilde des Gemeinschaftslebens, das im Wandel der Dinge eine Gewähr für die Beständigkeit der geschaffenen Einrichtungen zu geben vermöchte. Allerdings ist diese Verbindung mit dem staatlichen Organismus nicht in dem Sinne gemeint und gestaltet worden, daß der Staat einen speciellen Einfluß auf Betrieb und Verwaltung ausüben könnte. Er ist vielmehr nichts als der Garant für die Aufrechterhaltung und Durchführung des Statuts, sowie dafür, daß die eingesetzten Organe stets und in allem an der Hand der statutarischen Bestimmungen den aus diesen erkennbaren Absichten des Stifters gemäß verfahren. Auf Staatsinteressen soll im übrigen die Verwaltung keine weitergehenden Rücksichten nehmen, als es auch für Privatbetriebe gesetzlich geboten ist, andererseits ist auch dem Staate keinerlei Haftung für die Erfüllung der von der Stiftung übernommenen Leistungen aufgebürdet worden.

Ursprünglich war die Stiftung in anderer Form beabsichtigt. Schon im Jahre 1889 hatte Abbe nach mehrjährigen Verhandlungen mit den beteiligten Staats- und Universitätsbehörden aus seinen privaten Vermögensmitteln eine Carl Zeiß-Stiftung, deren Erträgnisse zu Universitätszwecken bestimmt waren, errichtet und diese Stiftung als eine selbständige juristische Person an Stelle seiner Familie, die mit ihrer Zustimmung auf das Pflichtteil beschränkt wurde, für den Todesfall zu seinem Erben und Rechtsnachfolger eingesetzt. Für seine Person verzichtete er seit dem 1. Oktober 1890 auf jeden Gewinnanteil und jede Rente. Nach seinem Tode sollte die Stiftung als Mitinhaberin der Firma gelten und das Gesellschaftsverhältnis von dem anderen Partner, Dr. Roderich Zeiß, mit ihr weiter fortgeführt werden. Als jedoch der jüngere Partner bald darauf auf die thätige Mitwirkung an der Weiterentwickelung des Unternehmens verzichtet und sich auf die Stellung eines stillen Teilhabers zurückgezogen hatte, wurde nach abermaligen Verhandlungen im Juli 1891 folgende Vereinbarung getroffen: Die bestehende Stiftung übernahm den gesamten Betrieb auf eigene Rechnung, während die Zeißschen Erben, einschließlich des bisherigen Mitinhabers der Firma, und gleicherweise die Familie des Stifters selbst — abgesehen von einer während der ersten vier Jahre laufenden Gewinnbeteiligung jener Erben — mit einem festverzinslichen Kapital abgefunden wurden. Auf diese Weise wurde vermieden, daß das Pflichtteil der Familie des Stifters zu Ungunsten der Stiftung vergrößert wurde, was eingetreten wäre, wenn zunächst das gesamte Geschäftsvermögen in den Besitz des verbleibenden Partners überging. Überdies glaubte dieser, die Weiterführung des Unternehmens auf der Grundlage, auf der es bisher geruht hatte, besser und wirksamer zu sichern, wenn er selbst noch bei Lebzeiten alles Erforderliche einleitete und so eine gewisse Tradition für die Zukunft schüfe, als wenn er die dauernde Einrichtung und Organisation der Stiftungsverwaltung wie der Geschäftsführung anderen für die Zeit nach seinem Ableben überließe.

Die Stiftung besitzt zur Zeit demnach zwei Geschäftsunternehmungen, die optische Werkstätte (Firma Carl Zeiß) und das Glaswerk (Firma Schott & Gen.). Für die Verwaltung des letzteren, die im allgemeinen nach den gleichen Grundsätzen geführt wird, wie die der ersteren, haben sich jedoch vereinzelte Vorbehalte nötig gemacht, da die Stiftung einstweilen mit dem Glaswerk nur im Societätsverhältnis steht. Sollte in Zukunft in oder außerhalb Jenas von der Stiftung ein neues Betriebsunternehmen errichtet oder übernommen werden, so muß auch dieses nach denselben Grundsätzen verwaltet werden, welche für die älteren Betriebe gelten, und sind, falls die Stiftung in ein neues Unternehmen im Gesellschaftsverhältnis mit einem anderen eintritt, keine weiteren Abweichungen hinsichtlich seiner Verwaltung gestattet, als sie zur Zeit für das Glaswerk zugelassen sind.

Die gegenwärtigen Geschäftsunternehmungen müssen dauernd, jede unter ihrer eigenen Firma und mit ihrem besonderen Betriebskapital und Vermögen, fortgeführt werden. Die Verwaltung jedes einzelnen Betriebes wird, wenn sie auch an die Beobachtung der statutarischen Vorschriften gebunden ist, unter einem besonderen Vorstande völlig selbständig geführt, — eine geradezu unentbehrliche Voraussetzung für die Erhaltung der Lebens- und Entwickelungsfähigkeit dieser Unternehmungen unter den neuen und eigenartigen Organisationsverhältnissen. Demgemäß untersteht dem Vorstande die gesamte innere Betriebsleitung, die kaufmännische Verwaltung und die ganze äußere

Aktion der Firma, einschließlich der Bestellung und Abberufung von Prokuristen und anderen Bevollmächtigten, der Anstellung, Entlassung und Pensionierung der Beamten, Geschäftsgehülfen und Arbeiter, der Regelung ihrer Bezüge und der Ordnung ihres Rechtsverhältnisses zur Firma. Ebenso vertritt der Vorstand den Betrieb Dritten gegenüber nach innen wie nach außen, gerichtlich und außergerichtlich. In Rücksicht auf die Vielfältigkeit der zu berücksichtigenden Interessen und die stets erforderlichen Sachkenntnisse sind die Vorstände — Geschäftsleitungen genannt — als Kollegien gleichberechtigter Mitglieder konstituiert. Die Zahl der Mitglieder darf, um Schwerfälligkeiten zu vermeiden, niemals über vier hinausgehen. Zu Vorstandsmitgliedern können nur Fachmänner — wissenschaftliche, technische oder kaufmännische —, die mindestens schon zwei Jahre innerhalb der letzten vier Jahre bei einem der Betriebe als obere Beamte oder als Socien thätig waren, bestellt werden. Als Beamte müssen sie lebenslänglich angestellt sein. Mindestens ein Mitglied jedes Vorstandes soll wissenschaftlicher Fachmann sein. Die einzelnen Mitglieder werden durch die Stiftungsverwaltung nach Anhören des Stiftungskommissars und der schon funktionierenden Mitglieder, deren ablehnendes Votum bei Einstimmigkeit ausschließend wirkt, ernannt. Die Ernennung, die im Interesse der Unabhängigkeit des Vorstandes stets für einen bestimmten im voraus vereinbarten Zeitraum oder auf Lebenszeit erfolgt, begründet kein besonderes Amt, enthält vielmehr nur den Auftrag, neben fortgesetzter und regelmäßiger Mitarbeit in sonstiger Stellung an der Geschäftsleitung teilzunehmen. Die weitere Mitarbeit, deren Umfang im gegebenen Falle naturgemäß eine angemessene Einschränkung erleidet, ist für nötig erachtet, um die Vorstandsmitglieder in steter lebendiger Fühlung mit dem praktischen Betrieb zu erhalten und sie vor formalistischer Behandlung der Geschäfte zu bewahren. Der Ablehnung des Amtscharakters für die Vorstandsmitglieder liegt die Absicht zugrunde, keinerlei Überordnung von Person zu Person zu begründen, welche die Vorstandsmitglieder der bereitwilligen Unterstützung der ebenbürtigen Mitarbeiter möglicherweise berauben könnte. Die notwendige Unterordnung soll lediglich dem Kollegium als solchem geschuldet werden, nicht den einzelnen Mitgliedern persönlich. Diesen bleiben die nächsten Mitarbeiter völlig ebenbürtig, wie denn auch die Geschäftsleiter für ihre Person und hinsichtlich ihrer gesamten Thätigkeit dem Kollegium ganz ebenso unterstehen wie alle anderen. Ihre einzige Ehre sollen sie in dem geschenkten Vertrauen erblicken und dürfen sie daher auch keinen auf ihre Funktion bezüglichen Titel führen. Damit sie sich ihrer verantwortungsvollen und mühevollen Aufgabe ungestört widmen können und ihr Interesse keine Ablenkung erfahre, ist ihnen die Annahme irgend eines besoldeten Amtes außer dem Dienst der Stiftung untersagt, und damit niemals auch nur der leiseste Verdacht entstehe, daß sie im eigenen Interesse die Rentabilität des Unternehmens auf Kosten höherer Zwecke verfolgten, sind ihnen — abgesehen von den Socien hinsichtlich ihres eigenen Betriebes — keinerlei Bezüge zugestanden, deren Höhe vom Bruttogewinn, Reingewinn oder Betriebsüberschuß abhängig ist. Andererseits haften sie solidarisch für Schaden, welcher der Firma oder der Stiftung durch Überschreitung ihrer Befugnisse erwächst. Für die Bestellung soll überall lediglich die persönliche Befähigung maßgebend sein und darf daher Kautionsleistung nur insoweit gefordert werden, als die Betreffenden eigenes Vermögen besitzen.

Da die Stiftung in den Angelegenheiten der einzelnen Firma einer Vertretung nicht entraten kann, ernennt die Stiftungsverwaltung ein bestimmtes Vorstandsmitglied zu ihrem Bevollmächtigten und ein zweites zu dessen Stellvertreter, doch können auch zwei Mitglieder mit gemeinsamer Ausübung dieser Vertretung betraut werden.

Für das Glaswerk werden die Funktionen des Vorstandes, so lange das jetzige Gesellschaftsverhältnis besteht, von nur zwei Personen ausgeübt, von einem Mitgliede der Geschäftsleitung der optischen Werkstätte, welches die Stiftung behufs ihrer Vertretung in jener Firma ernennt, und dem Mitinhaber des Werkes. Mindestens ein Mitglied der Geschäftsleitung der optischen Werkstätte muß, um deren Interessen beim Betriebe zur Geltung zu bringen, stets, auch nach etwaiger Beendigung des Gesellschaftsvertrages, zugleich dem Vorstande des Glaswerkes angehören.

Im übrigen wird die Stiftungsverwaltung bei den vorhandenen Betrieben durch einen von ihr ebenfalls zu ernennenden ständigen Stiftungskommissar vertreten. Eine Einwirkung der Stiftungsverwaltung kann einzig und allein durch diesen erfolgen. Für die Schaffung einer derartigen Zwischeninstanz zwischen Stiftungsverwaltung und Betriebsleitung war die Erwägung maßgebend, daß jene wohl imstande wäre, die allgemeinen Interessen der Stiftung und die vermögensrechtlichen Rücksichten wahrzunehmen, daß sie aber ihrer Beschaffenheit nach völlig ungeeignet sei, bei der Kompliziertheit der Geschäftsaktionen, wie sie hier in Frage stehen, eine wirksame und sachgemäße Aufsicht und Einwirkung auszuüben. Eine solche glaubte man vielmehr mit Recht nur von einer Person erwarten zu dürfen, welche durch fortgesetzten regelmäßigen Verkehr mit den Instituten und ihrem Personal einen genaueren Einblick in alle sachlichen und persönlichen Verhältnisse zu gewinnen und den Gang aller Angelegenheiten stetig zu verfolgen vermöchte. Die specielle Aufgabe des Kommissars ist es, die Geschäftsführung der Betriebe dauernd zu beaufsichtigen und die Statutenmäßigkeit des Verfahrens zu überwachen. Darüber hinaus liegt ihm bei allen wichtigeren Akten der Geschäftsführung beschließende oder beratende Mitwirkung ob. Um diese Funktionen wirksamer ausüben zu können, ist er verpflichtet, sich über den Gang aller Angelegenheiten fortlaufend unterrichtet zu halten, und steht ihm das Recht zu, jederzeit in alle Geschäftsbücher und Korrespondenzen Einsicht zu nehmen und in allen Teilen der Betriebe durch Augenschein und mündliche Vernehmung sich selbständig zu informieren. Der Auftrag des Kommissars, der stets ein oberer Ministerialbeamter oder sonst ein aktiver oberer Beamter des öffentlichen Dienstes sein muß, ist trotzdem ein außeramtlicher. Wenngleich er seine Funktionen lediglich als Beauftragter der Stiftungsverwaltung ausübt, soll er doch im einzelnen auf Grund seiner eingehenderen Kenntnis der Verhältnisse eine entsprechende selbständige Verantwortlichkeit zur Geltung bringen können und daher nicht zur Stiftungsverwaltung im Verhältnis staatlicher Beamten-Unterordnung sich befinden. Für seine Mühewaltungen empfängt er aus den Mitteln der Stiftung eine fixierte Entschädigung unter Ausschluß aller Tantiemen oder ähnlicher Bezüge.

Wie weit die Kompetenz des Kommissars gefaßt ist, erhellt erst aus den näheren Bestimmungen über sein Verhältnis zu den Vorständen der Geschäftsbetriebe. Im Umfang der laufenden Geschäfte und Vorkommnisse sind diese Vorstände allerdings an keine Mitwirkung des Stiftungskommissars gebunden. In klaren Fällen entscheidet und handelt sogar jedes Vorstandsmitglied ohne weiteres auf Grund feststehender Übung für die Geschäftsleitung, während in allen anderen Fällen nur nach gemeinsamer Verhandlung entschieden und vorgegangen werden darf. Dahingegen müssen alle Angelegenheiten, welche aus dem gewöhnlichen Geschäftsgange heraustreten, vor dem Kommissar verhandelt werden, bevor zur Beschlußfassung geschritten wird. Wird ein Beschluß in solchen Dingen von der Geschäftsleitung einstimmig gefaßt, so ist der Fall damit in der Regel endgültig erledigt und ist die Stellungnahme des Kommissars irrelevant. Bei fehlender Einstimmigkeit jedoch steht diesem die Entscheidung zu, indem demjenigen Votum Folge gegeben wird, welchem er beitritt, auch wenn dieses Votum dasjenige der Minorität ist. Zu einer derartigen Regelung führte die Überzeugung, daß bei fehlender Einstimmigkeit den diffentierenden Ansichten die Bedeutung der specifischen Sachverständigen-Autorität verloren gehe. Unter solchen Umständen schien es zweckmäßiger, das innere Gewicht der verschiedenen Meinungen statt das äußere Gewicht der Zahl entscheiden zu lassen. Die Meinungen gegen einander abzuwägen erschien der Kommissar als Dritter umsomehr geeignet, als ihm seine ganze Stellung eine genaue Kenntnis der Personen und Verhältnisse verschafft. Dem Mitinhaber des Glaswerks verbleibt gemäß dem vorliegenden Gesellschaftsverhältnis das Sonderrecht, daß nichts gegen seinen Willen geschehen kann.

Eine Reihe von Handlungen macht das Statut ihrer besonderen Wichtigkeit und Tragweite halber auch im Falle einstimmiger Beschlüsse der Vorstände von der ausdrücklichen Zustimmung des Stiftungskommissars abhängig. Dahin gehören Veräußerung oder Belastung von Immobilien, Verpfändung beweglichen Inventars und Eingehen von Schuldverpflichtungen außerhalb des regelmäßigen Geschäftsganges, Kapital- und sonstige Aufwendungen für neue geschäftliche Unternehmungen, wenn sie ein gewisses Verhältnis zur Größe des Reservefonds bezw. der Betriebsüberschüsse überschreiten, Errichtung von eigenen Geschäftsstellen, Zweig- oder Handelsniederlassungen im Auslande, Prokuraerteilung an andere Personen als Mitglieder des Vorstandes, Bestimmung der Gehaltsbezüge der Vorstandsmitglieder und Gewährung sonstiger Vorteile an diese, Entlassung und Pensionierung der leitenden, sowie aller auf Lebenszeit angestellten Beamten, Änderungen des Pensions- und des Krankenkassenstatuts, Eintritt in Prozesse oder schiedsrichterliche Entscheidungen über Streitfragen, welche nicht aus dem gewöhnlichen Geschäftsgange sich ergeben, ungewöhnliche Ehrenausgaben und ungewöhnliche Aufwendungen auf Dispositionskonto der Geschäftsleitung, Gewährung von fortlaufenden Unterstützungen an ehemalige Geschäftsangehörige oder deren Hinterbliebene, die über die rechtlichen Verpflichtungen der Firma hinausgehen, endlich Aufwendungen für — außerordentliche — Wohlfahrtseinrichtungen, die nicht schon durch das geschäftliche Interesse geboten sind. Unterstützungen, welche lediglich den Zweck haben, ehemalige Geschäftsangehörige vor unverschuldeter Not zu bewahren oder zu verhindern, daß den Gemeinden Armenlasten aus dem Betriebe erwachsen, werden als notwendige Betriebsaufwendungen betrachtet und erfordern daher nicht unter allen Umständen die Zustimmung des Kommissars. Denn nach den Grundanschauungen, welche für die Errichtung der Stiftung maßgebend waren und auch früher schon von den Geschäftsinhabern befolgt wurden, haben die leistungsfähigen Großbetriebe die Pflicht, für die dauernde Versorgung ihres Personals in der Hauptsache selbst und mit eigenen Mitteln einzutreten. Die gesamte Mitwirkung des Kommissars muß in mündlichem Verfahren an Ort und Stelle geschehen. Sein Votum muß er überall ohne Verzug abgeben. Er ist berechtigt, in Angelegenheiten der Betriebe auch seinerseits Anträge zu stellen und alsbaldige Beschlußfassung der beteiligten Geschäftsleitung über dieselben zu verlangen. In allen Angelegenheiten der Geschäftsführung sollen stets die beteiligten Beamten und die sonst sachverständigen Geschäftsangehörigen um ihre Meinung befragt und zu angemessener Mitwirkung herangezogen werden. Die Geschäftsordnungen der Vorstände werden zwischen diesen und dem Stiftungskommissar vereinbart. Von dem letzteren sind die jährlichen Inventuren und Bilanzen, desgleichen die sonstigen statistischen Aufstellungen, die behufs richtiger Anwendung statutarischer Bestimmungen in authentischer Form zu erfolgen haben, mit anzuerkennen.

In den Bestimmungen über das **Rechtsverhältnis der Angestellten und Arbeiter**, welche in ihrem über die frühere Arbeitsordnung hinausgehenden Inhalt ebenfalls im wesentlichen nur eine Kodifikation bisher ohnehin schon befolgter Grundsätze darstellen, erblickt der Stifter selbst mit Recht den wichtigsten Teil des Statuts. Sie bedeuten nach seinem eigenen Ausspruch den äußeren Abschluß seiner ganzen Lebensarbeit, und mißt er der Befolgung der darin aufgestellten Grundsätze einen ganz entscheidenden Anteil an der günstigen Entwickelung der jetzigen Stiftungsunternehmungen bei. Er will hier erklärtermaßen für das gesamte Personal das öffentliche Proletarierrecht der Reichsgewerbeordnung und der einschlägigen Abschnitte des Handelsgesetzbuchs durch ein besseres Arbeiter- und Angestellten-Recht ersetzen und jenes öffentliche Recht insbesondere durch Gewährung und Garantierung weitergehender Rechte, als in diesem enthalten sind, außer Anwendung bringen. Eine Verbesserung der Lage der abhängigen Arbeiter ohne den gleichzeitigen Versuch einer Hebung ihrer Rechtslage ist in seinen Augen, so nützlich und achtungswert solche Bestrebungen sein mögen, unter dem Gesichtspunkt der socialen Volksinteressen lediglich täuschende Dekoration. Nur eine grundsätzliche Änderung der Arbeiterrechte gegenüber dem Unternehmer und seinen Organen, die Ausschließung jeder

Willkür der Unternehmer in der Behandlung der Arbeiter und der Herrschaft einseitiger Rücksichten auf den jeweiligen Unternehmervorteil erachtet er als im höheren Volks- und Staatsinteresse gelegen, insofern dies eine Wiedererneuerung eines breiten gesunden Mittelstandes dringend erfordert. Eine solche Wiedererneuerung aber hält er lediglich auf dem Boden der organisierten Wirtschaftsthätigkeit der Großindustrie für möglich und hier nur auf dem angegebenen Wege, der die erforderliche persönliche und bürgerliche Unabhängigkeit den Arbeitern sichert.

Zunächst wird die Erreichung dieses Zieles durch eine strenge Umgrenzung des vertragsmäßigen Pflicht- und Dienstverhältnisses der Beamten, Geschäftsgehülfen und Arbeiter zur Stiftung, zur Firma und zu den Vorgesetzten erstrebt. Das Pflichtverhältnis soll sich daher nur auf solche Punkte erstrecken, welche sich aus der Natur des industriellen Arbeitsvertrages mit Notwendigkeit ergeben. Diese Punkte betreffen: Art und Maß der Arbeitsleistung und der sonstigen Obliegenheiten, Leitung und Beaufsichtigung der dienstlichen Thätigkeit durch die dazu bestellten Organe, Obhut über anvertrautes oder zugängliches Eigentum der Firma oder Fremder, sowie Wahrung sonstiger dienstlich anvertrauter Interessen der Firma und Fremder, Wahrung von Sicherheit und Ordnung in Betrieb und Verwaltung, Verkehr der Einzelnen mit Vorgesetzten, Mitarbeitern und Untergebenen innerhalb des Dienstes, Schutz von vermöge des Dienstverhältnisses zugänglichem Eigentum und sonstigen im Dienste anvertrauten Interessen der Angestellten und Arbeiter, endlich Wahrung solcher Rücksichten, welche den im Vertrag Stehenden aus Treu und Glauben gegenseitig, also in gleicher Art auch der Firma und ihren Vertretern, dem einzelnen Angestellten und Arbeiter gegenüber obliegen. Andere Verpflichtungen, als solche, die unter die gestellten Gesichtssichtspunkte fallen, können niemandem auferlegt werden, mit Ausnahme der Beschränkungen, welche für die Lehrlinge und die jugendlichen Personen unter 18 Jahren behufs ihrer Beaufsichtigung und Erziehung vorbehalten werden. Auf solche Weise glaubte der Stifter alle aus der inneren Natur vertragsmäßiger Dienstverhältnisse irgendwie abzuleitenden Beziehungen gänzlich erschöpft zu haben. In Konsequenz der Auffassung, daß Grundlage und Inhalt des Arbeitsverhältnisses streng auf das Geschäftliche beschränkt sein müsse, soll auch bei Anstellung der Beamten, Gehülfen und Arbeiter jederzeit ohne Rücksicht auf persönliche Verhältnisse, insbesondere auf Abstammung, Bekenntnis und Parteistellung verfahren und ebenso die

Fortsetzung der Anstellungs- und Arbeitsverträge, sowie die Beförderung jedes einzelnen einzig und allein von Fähigkeiten und Leistungen, von Pflichtmäßigkeit des dienstlichen Verhaltens, sowie von Rücksichten auf sonstige wesentliche Betriebsinteressen abhängig gemacht werden. Das außerdienstliche Verhalten darf nur insoweit in Betracht gezogen werden, als es von Einfluß auf die Erfüllung der Dienstpflichten ist, die bürgerliche Ehre berührt oder eine Verletzung der guten Sitte enthält. Entlassung aus dem Dienste wird überdies nicht als Strafe, sondern nur als Schutzmaßregel aufgefaßt. Niemand darf unmittelbar oder mittelbar außerhalb des Dienstes in der freien Ausübung irgendwelcher persönlicher oder bürgerlicher Rechte behindert werden. Ebensowenig ist es den Leitern gestattet, die Betriebsangehörigen in der Vertretung ihrer Interessen, einzeln oder gemeinsam, zu beschränken, sofern sie nicht eine Verletzung des Gesetzes oder der übernommenen Vertragspflichten enthält.

Die Unabhängigkeit der auf Lebenszeit angestellten Beamten ist in analoger Weise durch besondere Schutzbestimmungen gesichert. Die Anstellungsverträge, welche mit ihnen abgeschlossen werden, dürfen **Dienstentlassung** nur vorsehen wegen grober Pflichtverletzung, wegen Vernachlässigung der Obliegenheiten und wegen solcher Anstände im außerdienstlichen Verhalten, welche bürgerliches Ansehen oder persönliches Vertrauen aufheben. Diese Beamten zu pensionieren ist nur wegen solcher Thatsachen gestattet, die ihnen zugleich vertragsmäßigen Anspruch auf Pension geben. Sofern sie nicht aus vertragsmäßigen Gründen entlassen oder pensioniert werden, können sie nicht außer Dienst gestellt werden. Nur diesen Beamten dürfen Beschränkungen hinsichtlich der Thätigkeit nach etwaigem Austritt aus dem Dienste der Firma vertragsmäßig auferlegt werden, dem übrigen Personal hingegen nicht.

Für die übrigen Beamten gelten, sofern nicht in besonderen Anstellungsverträgen abweichende Vereinbarungen getroffen sind, die allgemeinen Regeln und Ordnungen, doch ist die Auflösung ihrer Dienstverträge, im Unterschiede von der bei Arbeitsverträgen der Lohnarbeiter geltenden Regel, an eine sechswöchentliche Kündigungsfrist gebunden.

Die Bezüge der Beamten sollen bei den Stiftungsbetrieben niemals zu jener exorbitanten Höhe, welche die Dotierung der leitenden Kräfte vielfach in der Großindustrie erreicht, hinaufgeschraubt werden. Vielmehr sollen sie stets dem wirklichen Wert der geleisteten Arbeit entsprechen und soll hierdurch vermieden werden, daß sie in einen scharfen

Kontrast zu der bescheidenen Entlohnung der niederen Arbeit treten. Zu diesem Zwecke ist vorgeschrieben, daß dieselben, soweit sie eine Entlohnung für die Erfüllung der vertragsmäßigen Obliegenheiten darstellen, in den verschiedenen Klassen stets in angemessenem Verhältnis zum durchschnittlichen Arbeitsverdienst der erwachsenen Arbeiter erhalten werden. Keinem Beamten, die Mitglieder der Geschäftsleitung eingeschlossen, darf an Jahresgehalt mehr gewährt werden, als das Zehnfache des durchschnittlichen jährlichen Arbeitseinkommens sämtlicher über 24 Jahre alten und mindestens drei Jahre im Betriebe thätigen Lohnarbeiter, berechnet nach dem Durchschnitt der letztverflossenen drei Geschäftsjahre. Zugleich darf die durchschnittliche Höhe aller derjenigen Beamtengehälter, welche einzeln das Doppelte dieses bezeichneten Lohnbetrages erreichen oder überschreiten, nicht mehr als das Vierfache desselben betragen. Ortszulagen für Plätze mit besonders kostspieliger Lebensführung werden hierdurch nicht ausgeschlossen. Die Aufstellung der vorerwähnten Regeln für die Gehaltsbemessung diente übrigens — von jenem socialen Motiv abgesehen — zugleich einem geschäftspolitischen Zwecke. Bei solcher Regelung der Gehälter können die Beamten eine fortschreitende Verbesserung ihrer eigenen Lebenslage lediglich in dem Maße erwarten, als es ihnen gelingt, die ökonomische Lage aller ihrer Mitarbeiter zu heben. Die Richtschnur aber, welche dem Stiftungsunternehmen gegeben wurde, ist nicht sowohl möglichste Steigerung der Reingewinne und Überschüsse, als vielmehr die dauernde Erhöhung desjenigen Gesamtertrages, aus dem allen Beteiligten ihr Anteil zufließt. Dieser Richtschnur zu folgen, sollte vermöge der Gehaltsbemessung den leitenden Kreisen ein wirksames, persönliches Interesse eingeflößt werden.

Aus der Arbeitsordnung, dem Krankenkassen- und dem Pensionsstatut sind die Hauptbestimmungen in das allgemeine Statut übernommen und ihre Aufrechterhaltung dadurch unter besondere Garantie gestellt. Zugleich sind die Rechte, welche den Arbeitern in jenen Specialstatuten eingeräumt waren, nach verschiedenen Richtungen hin mehr oder weniger wesentlich erweitert worden. Da es nicht ausgeschlossen sein darf, die Arbeitszeit irgendwann einmal auf 8 Stunden täglich zu beschränken, erscheint in den Bestimmungen des allgemeinen Statuts der neunstündige Arbeitstag nicht als Norm, sondern nur als das zulässige Maximum. Wenn hier einstweilen an dem neunstündigen Arbeitstag festgehalten wird, so war dafür die Erwägung maßgebend, daß ein Durcharbeiten mit nur einer kurzen

Ruhepause unter Verlegung der Hauptmahlzeit an das Ende des Arbeitstages, wie es der Achtstundentag mit sich bringt, unter den hier gegebenen kleinstädtischen Verhältnissen den Beteiligten selbst einstweilen weniger willkommen sein würde. Die Verbindlichkeit etwaiger Vereinbarungen wegen zeitweiliger Leistung von Überarbeit im ungestörten Betrieb ist auf höchstens vier Wochen beschränkt.

Aus der Anschauung heraus, daß das Bedürfnis nach periodischer Erholung und Entlastung vom täglichen Arbeitszwange nicht auf die höheren Gesellschaftsklassen beschränkt ist und ihm durch die gewöhnlichen Sonn= und Feiertage im Arbeitsverhältnis nicht genügt werde, ist allen Arbeitern und Gehülfen mit Ausnahme der Lehrlinge und jugendlichen Personen unter 18 Jahren Urlaubsanspruch für 12 Tage im Jahre zugestanden mit der einzigen Einschränkung, daß die Benutzung mit der Geschäftsleitung vereinbart werden muß. Sind die Urlaubnehmer über 20 Jahre alt und seit mindestens einem Jahre im Dienste, so wird ihnen für jährlich sechs Urlaubstage der feste Zeitlohn, den sie beziehen, fortgewährt. Ordnungsmäßig beantragter Urlaub auf nicht mehr als drei Arbeitstage, im einzelnen Fall und innerhalb eines Monats, darf nur wegen erweislichen besonderen Nachteils für die Firma oder für andere Mitarbeiter verweigert werden. Nur solche, die mit kontinuierlichem Feuer arbeiten oder sonst an Arbeiten beteiligt sind, deren Unterbrechung regelmäßig mit besonderem Nachteil verbunden ist, müssen sich allgemeine Beschränkung des Urlaubs auf einzelne Zeitabschnitte gefallen lassen. Betriebsangehörigen, welche zu ehrenamtlicher Thätigkeit im öffentlichen Dienst berufen werden, muß der Urlaub, wenn er um dieser Thätigkeit willen begehrt wird, stets gewährt werden. Während der Dauer solchen Urlaubs beziehen die Beurlaubten den sonst ihnen gebührenden Zeitlohn oder Gehalt fort, soweit ihnen nicht entsprechende Entschädigung aus öffentlichen Mitteln zusteht.

Eigenmächtiges Fernbleiben von der Arbeit hat nicht jedesmal und ohne weiteres Auflösung des Dienstverhältnisses zur Folge. Man hält es für allzuhart, jedes vereinzelt vorkommende, formell rechtswidrige Verhalten, das vielleicht nur dem Leichtsinn und der Unbesonnenheit entspringt, sogleich mit dem Verluste wertvoller Rechte zu ahnden. Bei öfterer Wiederholung ermöglicht und rechtfertigt es ohnehin die Dienstentlassung. Im übrigen soll das Ausbleiben erst dann, wenn es den Zeitraum von drei Tagen überschreitet, die Geschäftsleitung berechtigen, aber nicht verpflichten, es als thatsächliche Aufhebung des Dienstvertrages zu behandeln.

Der feste Zeitlohn wird fortan stets auch für die in die Arbeitswoche fallenden gesetzlichen Feiertage gewährt werden, da die Entziehung der Arbeitsgelegenheit wider Willen des Arbeiters erfolgt. Der in der Arbeitsordnung festgesetzte Lohnzuschlag von 25 Prozent für vereinbarungsgemäß geleistete Über- oder Feiertagsarbeit gilt als Minimum. In der Festsetzung eines hohen Zuschlages soll Gewähr dafür gegeben werden, daß solche zusätzliche Arbeit nur in wirklich dringenden Fällen von der Geschäftsleitung begehrt werde.

Eine ganz besondere Bedeutung und Tragweite für die wirtschaftliche und sociale Lage der Arbeiterschaft beanspruchen die Bestimmungen, welche darauf abzielen, eine Herabdrückung des erreichten Lohnniveaus auszuschließen. Die Stabilität der Einnahmen ist zweifellos für eine kleine Wirtschaft eine wesentliche Voraussetzung geordneter Wirtschaftsführung und für die Lohnarbeiter eine Hauptbedingung befriedigender Existenz. Es soll daher der feste Lohn, der einmal ohne ausdrücklichen Vorbehalt gewährt oder ungeachtet solchen Vorbehaltes für länger als ein Jahr fortgewährt worden ist, nicht wieder herabgesetzt werden, selbst dann nicht, wenn die tägliche Arbeitszeit zeitweilig oder dauernd verkürzt wird. Voraussetzung dabei ist jedoch, daß der Arbeiter oder Beamte zu ordnungsmäßiger Fortsetzung seiner früheren Thätigkeit fähig bleibt und nicht aus Gründen, die in seiner Person liegen, zu einer anderen, weniger einträglichen Arbeitsstellung im Betriebe übergeht. Da unter Einhaltung der vierzehntägigen Kündigung jederzeit ein neuer Arbeitsvertrag mit veränderten Lohnbedingungen abgeschlossen werden kann, ist in jener Vorschrift wohl mehr eine Direktive für die Geschäftsleitung gegeben, als ein klagbares Recht der Arbeiter begründet. Der statutarische Charakter der Bestimmung indessen berechtigt und verpflichtet die Aufsichtsinstanz, die Befolgung des aufgestellten Grundsatzes jederzeit von sich aus zu verlangen, und bedeutet es zweifellos sehr viel, wenn ein Unternehmen, das mit wechselnden Gewinnen arbeitet, auch nur in dieser Form eine derartige Verpflichtung eingeht.

Umfang und Art der Krankenkassenleistungen, wie sie gegenwärtig statutarisch geregelt sind, werden als dauernde Mindestleistungen fixiert. Den Betriebsinhabern wird die Verpflichtung auferlegt, mindestens ebensoviel beizutragen, wie die Versicherten zusammen. Nach dem Krankenkassenstatut zahlen, wie oben mitgeteilt wurde, die Firmen zur Zeit von dem Beitrage fünf, bezw. drei Achtel. Der Beitragsbestimmung des allgemeinen Statuts genügen sie in der

Art, daß sie, wenn die so bemessenen Zuschüsse im ganzen hinter dem Gesamtbeitrag der Kassenmitglieder zurückbleiben, die vorhandene Differenz nachträglich durch Zuzahlungen ausgleichen. Die Ausdehnung der Kassenleistungen auf ein ganzes Jahr und eine entsprechende weitere Erhöhung der von den Betriebsinhabern geleisteten Beiträge muß eintreten, sobald die Generalversammlung der Krankenkasse es beantragt. Bisher hat die letztere sich zu einer solchen Erweiterung der Leistungen ablehnend verhalten.

Hinsichtlich der Pensionierung nimmt das Statut in der Form fester Verpflichtung ebenfalls eine Erweiterung der bisherigen Bestimmungen in Aussicht, spätestens sobald der Reservefonds der Stiftung eine bestimmte Höhe erreicht. Von diesem Zeitpunkte an soll, falls es nicht schon früher etwa geschehen wäre, eine Erhöhung der pensionsfähigen Monatslöhne für die Arbeiter von 80, 100 und 120 M. auf 100, 120 bezw. 140 M., der Monatsgehälter für die Angestellten von 100, 130 und 160 M. auf 120, 160 bezw. 200 M. eintreten, und zugleich die pensionsfähige Dienstzeit anstatt wie jetzt, mit dem vollendeten 19., bereits mit dem 18. Lebensjahr beginnen. Mindestens von 10 zu 10 Jahren hat überdies, unabhängig davon, ob eine Erweiterung der Leistungen eintritt oder nicht, eine Prüfung über das Verhältnis der pensionsfähigen Maximallohn- und -gehaltsätze zu den wirklichen Löhnen und Gehältern stattzufinden und sind, falls sich hier ein Mißverhältnis ergiebt, jene Maximalsätze nach Maßgabe der eingetretenen Steigerung, welche das durchschnittliche Arbeitseinkommen der über 24 Jahre alten Arbeiter inzwischen erfahren hat, zu erhöhen. Es sollen ferner, sobald die Vermögenslage es gestattet, bei Unterbrechung des Dienstverhältnisses und späterem Wiedereintritt die früheren Dienstjahre für die pensionsfähige Dienstzeit stets zur Anrechnung kommen, wenn nur die Dienstunterbrechung nicht die Dauer von drei Jahren überschreitet. Endlich würde in solchem Falle anderweitiger Arbeitsverdienst dem Pensionsempfänger nicht mehr zum Teil auf die Pensionsrente angerechnet und vor allem der auf den Eintritt von Massenunglück bezügliche Vorbehalt des gegenwärtigen Pensionsstatuts gänzlich außer Kraft gesetzt werden. Mit dem Beginn der erweiterten Pensionsleistungen erwirbt andererseits die Stiftung das Recht, diejenigen Geschäftsangehörigen, welche pensionsberechtigte Familienangehörige besitzen, zu Beiträgen für die Hinterbliebenen-Pensionen heranzuziehen. Diese Beiträge, die mit Rücksicht auf Alter und Bestand der Familie klassenweise abgestuft werden können, dürfen indessen für keine Klasse höher bemessen werden als auf die Hälfte der versicherungstechnischen Prämie für das der Firma bei jeder Klasse erwachsende Risiko und für keinen Einzelnen mehr als drei Prozent seines festen Lohnes oder Gehaltes betragen. Für die persönlichen Pensionsansprüche der Geschäftsangehörigen dürfen niemals Beiträge erhoben werden. Der Unterschied der Stellung des Statuts zu den Eigenpensionen und zu den Hinterbliebenen-Pensionen ergab sich aus der in ihm vertretenen Anschauung über die Grenzen der socialen Pflichten des Unternehmers. Nach dieser Anschauung hat letzterer für die Amortisation der in seinem Dienst verbrauchten Menschenkraft aufzukommen und diese Amortisation, da der gewöhnliche Arbeitslohn eine Amortisationsquote hierfür dem Einzelnen nicht gewährt, in Pensionsleistungen für den arbeitsunfähig gewordenen Arbeiter selbst zu leisten. Die Versorgung der Hinterbliebenen jedoch fällt danach nicht unter den Begriff der Amortisation der Arbeitskraft. Sie wird zwar als eine den Arbeitern nützliche, aus Rücksicht des Gemeininteresses unbedingt gebotene Wohlfahrtseinrichtung gewürdigt und soll daher der Unternehmer dieselbe vorsehen, es gehört aber nach dieser Anschauung nicht zu dessen Verpflichtungen, sie ohne Gegenleistung zu gewähren. Wir halten die für die unterschiedliche Behandlung der Pensionskategorien angeführten Gründe für unzutreffend. Die Hinterbliebenen-Pensionen, wenigstens die Witwen- und Waisenrenten, stellen mindestens ebensosehr, wenn nicht in höherem Maße, eine Amortisation der Arbeitskraft dar als die Eigenpensionen. Wohl aber muß es bedenklich erscheinen, der Tragkraft eines Privatunternehmens eine umfassendere Hinterbliebenen-Versorgung, deren finanzielle Last größer ist als die Invaliden- und Altersversorgung, ohne Heranziehung der Interessenten zu irgend welcher Beitragsleistung aufzubürden. Dem Staate steht in der Steuerhoheit ein Mittel zur Verfügung, das ihn befähigt, unter allen Umständen derartige Zusagen zu erfüllen, ohne seine Existenz aufs Spiel zu setzen. Ein Privatunternehmen, das unter der Herrschaft freier Konkurrenz produziert, hat als einzige Quelle, aus der es die finanziellen Mittel zu wirtschaftlichen Leistungen für derartige dauernde Aufwendungen zu Gunsten seines Personals schöpfen kann, seine Gewinne, die mehr oder minder unsicher und größeren oder geringeren Schwankungen unterworfen sind. Diese Bedenken werden um so gewichtiger, wenn ohnehin ungewöhnlich große sociale Lasten übernommen werden, wie es hier der Fall ist. Unter solchen Umständen bedeutet es schon etwas Eminentes, wenn die mäßigeren

Pensionsleistungen an Hinterbliebene ganz und auch die erhöhten noch zur Hälfte von der Stiftung übernommen worden sind. Daß die Verpflichtung zur Gewährung von Invaliden- und Alterspensionen an ehemalige Betriebsangehörige selbst als eine näherliegende betrachtet wird, als die Hinterbliebenen-Pensionen, liegt in der Natur der Verhältnisse. In dem ungleichen Maße, in dem den einzelnen Geschäftsangehörigen aus den letzteren Vorteil erwächst, vermögen wir einen entscheidenden Grund für unterschiedliche Behandlung nicht anzuerkennen, da, obschon in geringerem Maße, der Genuß der Eigenpensionen sich ebenfalls ungleich auf die Anspruchsberechtigten verteilt. Auch hat im Staatsdienst die Gewährung von Hinterbliebenen-Pensionen unter Verzicht auf Beitragsleistungen bisher principielle Einwände nicht hervorgerufen.

Von wesentlich größerer Tragweite als die in Aussicht gestellte und voraussichtlich schon in nächster Zeit zur Einführung gelangende Erweiterung und Erhöhung der Pensionsleistungen ist eine andere Bestimmung des Statuts. Diese verfügt, daß Entlassungen pensionsfähiger Arbeiter aus dem Arbeitsverhältnis infolge unverschuldeter Verminderung der Arbeitsfähigkeit in Zukunft nur noch unter dauernder Gewährung der statutenmäßigen Pension vorgenommen werden dürfen. Hierin liegt gleichsam der Angelpunkt der gesamten Pensionseinrichtungen der Stiftung. Eine derartige Bestimmung fehlte dem ursprünglichen Pensionsstatut und so war den aus ihm abgeleiteten Pensionsansprüchen in der Hauptsache der unerschütterliche Rechtsboden entzogen, dessen sie nach der zu Grunde liegenden Idee bedurften. Nach der formalen Rechtslage blieb den Geschäftsinhabern damals das unumschränkte Recht, jeden nicht bereits invalid gewordenen Arbeiter unter Einhaltung der vierzehntägigen Frist jederzeit und beliebig zu entlassen. Machten sie von diesem Rechte Gebrauch, so verloren die entlassenen nichtinvaliden Arbeiter alle Pensionsansprüche. Es war sogar unter solchen Umständen die Möglichkeit gegeben, daß eine selbstsüchtige, gewissenlose Geschäftsleitung gerade das Mittel der vorzeitigen Entlassung benützte, um sich der Erfüllung wachsender Pensionsverpflichtungen zu entziehen. Es blieb daher in der Hauptsache alles auf die ehrlichen Absichten und die Gewissenhaftigkeit der Geschäftsinhaber gestellt. Indem das neue Statut hierin Wandel schuf und die fehlende Ergänzung vornahm, hat es die Pensionsbestimmungen erst recht eigentlich zu einer wertvollen und dauernden Rechtseinrichtung erhoben.

Wenn der Zeitlohn, den der Arbeiter verdient, nicht mehr die Höhe der jeweiligen Pensionsanwartschaft erreicht, so muß nach den neueren Bestimmungen seine Pensionierung erfolgen. Geht ein Arbeiter aus Gründen, die in seiner Person liegen, zu einer geringer gelohnten Arbeitsstellung im Betriebe über, so darf bei etwaiger späterer Pensionierung die Pension nicht weniger betragen, als die Anwartschaft, die er zur Zeit des Beschäftigungswechsels bereits erworben hatte.

Aber so umfassend auch die Pensionierungsgrundsätze sein mochten, zu deren Befolgung die Stiftung und ihre Betriebe statutarisch verpflichtet wurden, so verschloß sich doch der Stifter der Erkenntnis nicht, daß hiermit noch nicht allen socialen Schwächen des modernen Arbeitsverhältnisses begegnet war. Ein allgemein anerkannter Mißstand des freien kündbaren Arbeitsvertrages ist es, daß es dem Unternehmer jederzeit ermöglicht ist, je nach den augenblicklichen Geschäftskonjunkturen eine beliebige Menge von Arbeitskräften, soweit sie nur überhaupt verfügbar sind, heranzuziehen und diese unbekümmert um ihr weiteres Schicksal und ohne weitere Verpflichtung als diejenige der Lohnzahlung nach Maßgabe der geleisteten Arbeit, nach kürzerer oder längerer Frist wieder abzustoßen. Diese Möglichkeit wird leider unter dem Antrieb des eigenen Gewinninteresses von den Arbeitgebern nicht selten zum Nachteil der Arbeiter ausgenützt, und selbst der Staat hat sich bisher nicht gescheut, in der gleichen Weise zu verfahren und so in Verkennung seiner höheren Aufgaben die socialpolitischen Gesichtspunkte dem finanziellen unterzuordnen. Im Gegensatze hierzu haben zwar die Betriebe der Stiftung in Anerkennung eines größeren moralischen Pflichtenmaßes von jeher die Geschäftspolitik befolgt, regelmäßig nicht mehr Arbeiter anzunehmen, als voraussichtlich auf die Dauer von ihnen beschäftigt werden können. Um aber die Fortsetzung dieser socialen Geschäftspolitik für alle Zukunft möglichst zu sichern, ist eine in der allgemeinen socialen Praxis bisher völlig unbekannte Einrichtung getroffen worden, die wohl geeignet erscheint, das Aufkommen jenes Mißstandes im Bereiche der Stiftungsunternehmungen wirksam zu verhindern: die Abgangsentschädigung. Es steht nämlich allen in kündbaren Verträgen stehenden Beamten, Gehülfen und Arbeitern für den Fall, daß eine Auflösung des Dienstverhältnisses erfolgt, ohne daß sie selbst in ihrer Person hierzu Veranlassung gegeben haben, ein klagbarer Anspruch auf eine einmalige größere Geldentschädigung zu. Auf diese Weise soll nicht nur den entlassenen Arbeitern das Abwarten und Aufsuchen anderweitiger günstiger Arbeitsgelegenheit erleichtert, sondern mehr noch die bloß vorübergehende Einstellung vermehrter Arbeitskräfte nach Möglichkeit hintangehalten werden. Allerdings erwirbt der Einzelne diesen Entschädigungsanspruch erst nach im ganzen dreijähriger, seit Vollendung des 18. Lebensjahres im Dienst der Stiftung verbrachter Dienstzeit und es kann fraglich erscheinen, ob bei der Länge der Frist, an welche der Erwerb des Anspruchs geknüpft ist, sich die Präventivmaßregel unter allen Umständen, selbst bei fehlendem guten Willen seitens der Geschäftsleitung, wirksam genug erweisen wird. Indessen ist zu berücksichtigen, daß in den maßgebenden Arbeitszweigen, in welchen die vorteilhafte Verwendbarkeit der Arbeiter durch ein höheres Maß specieller Schulung bedingt wird, eine Einstellung für ganz kurze Fristen sehr erschwert ist. Die Erfahrung hat gezeigt, daß ein neu eingestellter erwachsener Arbeiter — ausgenommen die fertig ausgebildeten Mechaniker und Optiker — während der ersten 6 Monate mit dem Wert seiner Leistungen regelmäßig hinter dem Wert des empfangenen Lohnes mehr oder minder zurückbleibt, in weiteren 6 Monaten den letzteren annähernd deckt und erst nach Ablauf dieser Frist allmählich als Ersatz der früheren Zubuße einen Wertüberschuß zu erzeugen beginnt. Diese Verhältnisse lassen eine knappere Bemessung der Frist für den Erwerb der Abgangsentschädigung überflüssig erscheinen, da sie in sich schon ein genügendes Korrektiv enthalten gegenüber der Versuchung, für ganz kurze Zeiträume den Betrieb übermäßig auszudehnen. Es wäre ferner die Durchführung des Entschädigungsprincips bei allzukurz bemessener Erwerbsfrist auch praktisch und finanziell unmöglich. Man bedenke, daß Arbeitskräfte, welche als unzulänglich befunden werden, — Mechaniker ausnahmslos, wenn sie nicht einen regelmäßigen Wochenverdienst von mindestens 18 Mark erzielen, — wieder entlassen werden, ein Urteil aber über die Verwendbarkeit Neueingestellter sehr oft erst nach einem Zeitraum von ein bis zwei Jahren gewonnen wird. Auch soll eine vorübergehende Betriebsausdehnung nicht unter allen Umständen verhindert werden. Sie wird vielmehr für zulässig erachtet, sofern nur den eingestellten Arbeitern das Bewußtsein erhalten bleibt, daß ihre Einstellung lediglich als eine vorübergehende beabsichtigt sei.

Die Abgangsentschädigung ist in jedem Falle mindestens auf einen halben Jahreslohn oder -gehalt zu bemessen. Für Geschäftsangehörige, die Pensionsanwartschaft erlangt haben, darf sie nicht weniger betragen als die Gesamtsumme der zu beanspruchenden In-

validenpension für einen Zeitraum, der gleich ist dem vierten Teil
der abgelaufenen anrechnungsfähigen Dienstzeit.

Durch eine Sonderbestimmung ist die Einrichtung der Abgangsentschädigung zugleich zu einem Mittel gemacht, den Unfug der Lehr-
lingszüchterei abzuschneiden. Es ist zwar ohnehin allgemein den Geschäftsleitungen durch statutarische Vorschrift untersagt, Lehrlinge
oder jugendliche Arbeiter — desgleichen weibliche Personen — zum
Zwecke billiger Arbeitsbeschaffung in den Betrieben zu beschäftigen.
Wie Frauen nur für solche Verrichtungen verwendet werden sollen,
welche ihrem Geschlechte angemessener sind als dem männlichen, so
sollen Lehrlinge und jugendliche Arbeiter nur zum Zweck ihrer Ausbildung und nur in dem Umfange, in welchem es behufs Sicherung
genügenden Nachwuchses an gelernten Arbeitern geboten erscheint, in
den Betrieben eingestellt werden. Um jedoch die Außerachtlassung dieser
Vorschrift gleichsam unter Strafe zu stellen, wird denjenigen, welche
bereits vor vollendetem 16. Lebensjahre in einen der Betriebe als Arbeiter eintreten, ebenfalls ein Anspruch auf Abgangsentschädigung verliehen, der bereits mit Vollendung des 18. Lebensjahres wirksam wird.

Wer einmal Abgangsentschädigung empfangen hat, erlangt bei
Wiedereintritt erst nach mehrjähriger Dienstzeit erneute Ansprüche.
Verloren geht das Recht nur, wenn die Entlassung durch erhebliche Vertragsverletzung veranlaßt wird oder aus sonstigen bestimmt
bezeichneten und wichtigen Gründen erfolgt, die aus der allgemeinen
persönlichen Führung des Arbeiters oder Angestellten sich ergeben.
Als solche Gründe gelten Vertrauensunwürdigkeit in Bezug auf den
Dienst, Trunksucht und Ausschweifungen, grobe Ehrverletzung, thät-
liche Beleidigung oder böswillige Schädigung, begangen gegenüber
Mitarbeitern, Vorgesetzten oder Untergebenen, endlich ehr- und sitten-
lose Handlungen überhaupt. Daß bei den weitreichenden Garantien,
mit denen der Anspruch auf Abgangsentschädigung umgeben wurde,
es Einzelnen wohl durch Anwendung raffinierter Mittel gelingen
könnte, sich die Entschädigung zu Unrecht zu erzwingen, wurde bei
der Abfassung der Statuten nicht übersehen. Von einer tüchtigen
und anständigen Arbeiterschaft wie der hier in Frage stehenden, die
sich des Wertes ihrer Rechte bewußt ist, wird jedoch mit Zuversicht
erwartet, daß sie verstehen werde, ihres eigenen Ansehens wegen solchen Mißbrauch auf das geringste Maß zu beschränken.

Ist das Ausscheiden eines Entschädigungsberechtigten aus dem
Betriebe nur ein vorübergehendes und lediglich durch zwingende
Verhältnisse auf seiner Seite veranlaßt, so gilt, damit jenem der er-

worbene Entschädigungsanspruch für später erhalten werde, der Dienstvertrag nur für suspendiert. Diese Beschränkung der Rechtsfolgen auf **Vertragssuspension** tritt ein, wenn die Dienstunterbrechung nach Vereinbarung mit der Geschäftsleitung behufs Wahrung wichtiger eigener oder Familien-Interessen erfolgt und nicht länger als ein Jahr dauert. Außerdem gelten als Suspensionsgründe nur Einberufung zum Heeresdienst in gesetzlich gebotener Dauer, sowie auch Untersuchungs- und Strafhaft, wenn diese sechs Monate nicht überschreitet und nicht wegen eines Deliktes verhängt wird, das ohnehin die Aufhebung des Dienstvertrages rechtfertigt. Während der Zeit der Vertragssuspension wird der ausgeschiedene Geschäftsangehörige als nicht im Dienst der Firma stehend angesehen. Im Unterschiede hiervon wird Urlaub bis zu drei Monaten und, wenn aus Gesundheitsrücksichten bewilligt, auch von längerer Dauer, ausnahmslos als Dienstzeit angerechnet. Das Gleiche gilt von Dienstunterbrechung, die durch Krankheit verursacht ist, mit Beschränkung auf die Dauer der statutenmäßigen Krankenverpflegung, gleichgültig, ob der Erkrankte der Betriebskrankenkasse angehört hat oder nicht.

Der Lohn und Gehalt, welcher Arbeitern und Beamten jeweils gewährt wird, soll niemals etwas anderes und weiteres darstellen, als die Bezahlung für pflichtmäßige Wahrnehmung regelmäßiger Funktionen irgend welcher Art. Besondere Leistungen jedoch, welche jenseits dieser Grenze liegen, sollen damit nicht für abgefunden gelten. Auf derartige besondere Leistungen sind Betriebe, wie die hier in Frage stehenden, ihrer ganzen Natur nach mehr oder minder angewiesen, wollen sie sich auf der erreichten technischen und geschäftlichen Höhe im Wettbewerb mit anderen behaupten. Zum wenigsten vermögen sie durch solche Leistungen jederzeit eine wesentliche Förderung zu erfahren. Damit nun bei allen stets das lebendige Interesse erhalten werde, an der Steigerung der technischen und geschäftlichen Erfolge thätig sich zu beteiligen, zugleich aber auch um einer Forderung der Gerechtigkeit zu genügen, soll den Geschäftsangehörigen, Arbeitern sowohl wie Beamten, im Fall erfinderischer oder sonstiger auf technischen oder wirtschaftlichen Fortschritt gerichteter Bethätigung, aus welcher der Firma wesentlicher Vorteil erwächst, oder im Fall von besonderen Leistungen irgend einer anderen Art zum Nutzen der Firma oder der Stiftung neben der Entlohnung für die vertragsmäßige Thätigkeit ein der Billigkeit entsprechender Anteil an den erreichten Vorteilen eingeräumt werden.

Von diesen besonderen Fällen abgesehen, ist eine Gewinnbeteiligung der Betriebsangehörigen in den Rahmen der statutarischen Verpflichtungen zunächst nicht aufgenommen. Nicht daß ihre für den Unternehmer wie für den Arbeiter vorteilhaften Wirkungen verkannt worden wären und sie für die Zukunft ausgeschlossen werden sollte. Aber den großen socialpolitischen Wert, welcher vielfach der Gewinnbeteiligung beigelegt wird, vermag der Stifter nicht anzuerkennen. Viel bringlicher und wichtiger erscheint ihm, so wie er es gethan, diejenigen Einrichtungen genügend zu kräftigen, welche darauf abzielen, die Arbeiterschaft gegen die ungünstigen Chancen der privaten Wirtschaftsordnung möglichst zu schützen. Wird die Gewinnbeteiligung in der Absicht eingeführt, sich damit für die Nichterfüllung jener s. E. größeren socialen Pflichten abzufinden, so erscheint sie ihm geradezu gemeinschädlich, weil sie den Schein für Wirklichkeit bietet, und ruht dabei gar ein großer Teil des ganzen Arbeitseinkommens auf dieser Grundlage, so gereicht sie seiner Überzeugung nach dem Arbeiter selbst direkt zum Nachteile, da hiermit sein Haushalt auf stark schwankende Einnahmen angewiesen und bedenklichen Gleichgewichtsstörungen ausgesetzt wird. Zugleich würde eine solche weitgehende Gewinnbeteiligung der Arbeiter erforderlich machen, ihnen eine der Größe ihres Interesses entsprechende, aber praktisch s. E. unmögliche Einwirkung auf die Geschäftsleitung einzuräumen.

Sollte aber zu irgend einer Zeit in den Stiftungsbetrieben Gewinnbeteiligung eingeräumt werden, — und bei Erlaß des Statuts wurde eine solche für den Fall, daß die gesamte Geschäftslage und der Stand des Reservefonds es gestatteten, in Aussicht genommen, — so muß jedem Beteiligten sein Gewinnanteil in einem für alle gleichen Prozentsatz des gesamten Lohnes oder Gehaltes, welchen er während des abgelaufenen Geschäftsjahres thatsächlich bezogen hat, gewährt werden und steht der Anspruch gleichmäßig allen zu, welche beim Schluß des Geschäftsjahres als Arbeiter oder Beamte im Dienst der Firma thätig waren. Ausgeschlossen sind einzig und allein die Mitglieder der Geschäftsleitung, damit diese jederzeit gegen den Verdacht geschützt bleiben, als könnten sie des eigenen Vorteils wegen die schwankenden Bezüge der Geschäftsangehörigen auf Kosten des regelmäßigen Gehalts und Lohnes zu erhöhen trachten.

Eine Gewinnbeteiligung nach anderen Grundsätzen als den hier dargelegten, mithin auch jede auf irgend welcher Kapitalbeteiligung der Arbeiter ruhende, bleibt für alle Zukunft ausgeschlossen. Damit ist selbstverständlich nicht gesagt, daß die Arbeiter gehindert wären, festverzinsliche Forderungen, z. B. Obligationen, wie sie von der Stiftung im Gesamtbetrage von 1 Mill. Mark behufs Ablösung der kündbaren Abfindungskapitalien im vorigen Jahre ausgegeben wurden, gleich anderen Personen bei sich darbietender Gelegenheit zu erwerben. Denn derartiger Forderungserwerb fließt nicht aus der Arbeiterstellung der Erwerbenden. Auch hat die Firma der optischen Werkstätte seit 1893 den jüngeren Arbeitern, insbesondere den Lehrlingen, auf Grund ihres Arbeitsverdienstes Sparkonti eröffnet unter fünfprozentiger Verzinsung der gutgeschriebenen Beträge. Indessen gehört diese Einrichtung ausschließlich in das Kapitel der Wohlfahrtseinrichtungen, nicht in dasjenige der Gewinnbeteiligung.

Obwohl das neue Statut, das die Gewinnbeteiligung für später in Aussicht nahm, erst mit dem 1. Oktober 1896 — dem Anfangstermin des neuen Geschäftsjahres — in Kraft trat, hat dennoch die Geschäftsleitung der optischen Werkstätte bei Gelegenheit des vorjährigen Jubiläums beschlossen, der Arbeiter- und Beamtenschaft des ihr unterstellten Betriebes bereits für das im Herbst 1896 ablaufende Geschäftsjahr erstmalig einen Lohn- bzw. Gehaltszuschlag, und zwar in der Höhe von 8 Prozent, als Gewinnanteil auszuzahlen. Das Glaswerk trat dieser Maßregel bei mit der Modifikation, daß nur den Tagelohnarbeitern der Betrag eines Monatslohnes, den Accordarbeitern hingegen im Hinblick auf die unverhältnismäßige Höhe der zur Zeit noch geltenden Accordsätze nur der Betrag eines Wochenlohnes gewährt wurde. Mit dieser Festgabe verband sich eine zweite, die ebenfalls die Erfüllung einer neuen statutarischen Bestimmung anticipierte, die Bewilligung eines allgemeinen einwöchigen Urlaubs unter Fortzahlung des entsprechenden Zeitlohns, ein Zugeständnis, von dem unter angemessener Verteilung noch während des letzten Spätsommers und Herbstes Gebrauch gemacht wurde.

Bei der Einführung der Gewinnbeteiligung wurde in der optischen Werkstätte für die Berechnung des dem Personal zu gewährenden Anteils folgende Norm aufgestellt: Von dem ermittelten bilanzmäßigen Jahresgewinn, der den statutarischen Bestimmungen gemäß ohne Rücksicht auf die Höhe des Betriebskapitals in Prozenten der Lohn- und Gehaltssumme zu berechnen ist, werden die ersten 9 Prozente zum Voraus für den Reservefond in Abzug gebracht und zwar 7 Prozent als anschlagsmäßige Reserve für zukünftige Pensionsleistungen und 2 Prozent als Deckung für die zukünftig zu leistenden

Abgangsentschädigungen. Sofern der verbleibende Nettogewinn, bezogen auf das Lohn- und Gehaltkonto, 20 Prozent nicht übersteigt, fällt er der Stiftung als Unternehmergewinn zu. Überschreitet aber der Gesamtgewinn die Höhe von 29 Prozent des Lohn- und Gehaltkontos, so wird die eine Hälfte dieses weiteren Überschusses in der oben angegebenen Weise unter die Beamten und Arbeiter verteilt. Der diesen auf solcher Grundlage zustehende Anspruch gilt als ein klagbarer, ohne daß zugleich dem Personal gegenüber eine Pflicht zur Rechnungslegung formell anerkannt worden wäre.

Die kühle, ja fast ablehnende Haltung, welche der Stifter der Einrichtung der Gewinnbeteiligung gegenüber einnimmt und welche die Ursache war, daß dieselbe bei Abfassung des Statuts nicht unter die obligatorischen Aufgaben aufgenommen wurde, läßt es auffällig erscheinen, daß trotzdem die optische Werkstätte so bald schon und noch unter Mitwirkung des Stifters diese Einrichtung thatsächlich ins Leben gerufen hat. Denn unterlag es schon von vornherein kaum einem Zweifel, daß der im Jubiläumsjahr erstmalig bewilligte Lohn- und Gehaltszuschlag, wenngleich in wechselnder Höhe, in der Folgezeit, solange die Verhältnisse es irgend gestatteten, ununterbrochen fortgezahlt werden müsse, so ist inzwischen auch bereits durch Beschluß die Gewinnbeteiligung zur dauernden Einrichtung erhoben worden. Der scheinbare Widerspruch löst sich leicht, wenn man sich die gesamten Grundlagen des hier ausgebildeten Lohnsystems vergegenwärtigt. Nach den bei den Stiftungsbetrieben beobachteten Grundsätzen wird nicht nur der gewöhnliche Lohnverdienst stets so bemessen, daß er in seiner Höhe durchaus den Wirtschaftsbedingungen eines normalen, mittleren Geschäftsganges entspricht, sondern es darf überdies ein einmal erreichter fester Lohn nicht wieder herabgesetzt werden. Zugleich bildet dieser unverkürzbare feste Lohn die Grundlage für weitere Fürsorgeleistungen, deren Höhe sich im einzelnen nach dem Lohnausmaß richtet. Unter solchen Verhältnissen muß eine umsichtige Geschäftsleitung, wenn sie die Arbeiterschaft an den höheren Erträgnissen besonders günstiger Geschäftsperioden teilnehmen lassen will oder, wie es der Intention des Stifters entspricht, teilnehmen lassen soll, den Weg einer allgemeinen Lohnerhöhung insoweit zu vermeiden trachten. Denn eine solche würde eine weitreichende Steigerung der dauernden Personallasten einschließen, deren zukünftige Deckung um so unsicherer würde, je ergiebiger jene wäre. Die Auszahlung von Gewinnanteilen hingegen begründet im Umfang ihrer Leistungen für die Betriebsfirma keinerlei Vermehrung ihrer zukünftigen Verpflichtungen. Gerade die Eigenart ihres Entlohnungssystems und ihrer Fürsorgemaßregeln drängt somit die Stiftungsbetriebe zur Gewinnbeteiligung in besonderem Maß. In diesem Systeme hat die Gewinnbeteiligung nicht die Bestimmung, einen konstituierenden Teil des ständigen Lohneinkommens zu bilden. Sie soll nur die Arbeiterschaft an den besonderen Gewinnchancen des ganzen Unternehmens teilnehmen lassen und kommt deshalb thatsächlich in Wegfall, sobald der Gewinn auf das normale Niveau zurückgeht. Eine etwaige dauernde Erhöhung der Reinerträgnisse soll der Arbeiterschaft nicht mehr im Wege der Gewinnbeteiligung, sondern lediglich mittels Steigerung der Lohnsätze selbst zu Gute kommen. In diesem Umfange angewandt und wie hier neben einem sonstigen garantierten Lohneinkommen gewährt, das die gewöhnlichen Lebensbedürfnisse ausreichend deckt, bildet die Gewinnbeteiligung für den Haushalt des Arbeiters um so weniger eine Quelle ernster Verlegenheit oder gar der Gefahr, als die Empfänger sich der Unsicherheit dieser Einnahmen bewußt bleiben, was bei der vorübergehenden Erhöhung eines ungarantierten Lohnes, wie er in der Industrie die Regel bildet, nicht der Fall ist.

Um nun die Stiftung in den Stand zu setzen, die großen vermögensrechtlichen Pflichten, welche ihr zu Gunsten des Personals auferlegt sind, und darüber hinaus die ihr zugewiesenen gemeinnützigen Aufgaben dauernd zu erfüllen, wird aus den Betriebsüberschüssen und sonstigen Vermögenserträgnissen ein vom Geschäftsvermögen abgesonderter **Reservefond** bis zu einer angemessenen Höhe angesammelt. Dieser Fond soll, wenn auch nur unter buchmäßiger Scheidung, enthalten: 1. das Deckungskapital für alle aus Pensionsansprüchen thatsächlich erwachsenen Rentenverpflichtungen, so weit dasselbe ein Drittel des Buchwerts des unbelasteten Betriebskapitals der Stiftungsbetriebe übersteigt; 2. eine Personallasten-Reserve zur Sicherung der Deckung demnächst zu gewärtigender Pensionsansprüche und etwaiger Aufwendungen für Abgangsentschädigungen; 3. einen Erneuerungs- und Betriebserweiterungsfond und 4. eine allgemeine Rücklage zur Sicherung der Aktionsfähigkeit der Stiftung und ihrer Geschäftsfirmen, sowie zur Deckung etwa eintretender Betriebsausfälle und Verluste.

Die Höhe des erforderlichen Rentendeckungskapitals wird nach dem wahrscheinlichen Kapitalwert der einzelnen Posten veranschlagt. Die Personallasten-Reserve soll in ihrer Höhe einem Drittel des jährlichen Lohn- und Gehaltkontos der Betriebe, berechnet nach dreijährigem Durchschnitt, gleichkommen. Die Größe des Erneuerungs-

und Betriebserweiterungsfonds ist auf ein Drittel des Buchwerts aller der Abnützung unterliegenden Betriebsmittel, die Höhe der allgemeinen Rücklage auf den Betrag einer durchschnittlichen Jahresausgabe der Betriebe, welche die Ausgabe für die Pensions- und Abgangsentschädigungen mit umfaßt, bemessen.

Solange der Reservefond die so bestimmte Normalhöhe noch nicht erreicht, soll ihm von Jahr zu Jahr mindestens die Hälfte aller nach Deckung etwaigen Kapitalbedarfs der Betriebe noch verfügbar bleibenden Betriebsüberschüsse und Zinserträge überwiesen werden. Sobald aber der Reservefond die vorerwähnte Höhe erreicht hat, wird ihm von da ab nur noch höchstens die Hälfte der verfügbar bleibenden Betriebsüberschüsse und Zinserträge zugeführt. Steigt derjenige Teil des Fonds, der auf Personallasten-Reserve, Erneuerungs- und Betriebserweiterungsfond und allgemeine Rücklage zusammengenommen entfällt, auf das Einundeinhalbfache des vorgeschriebenen Normalbetrages, so darf ferner nicht mehr als ein Viertel der Überschüsse ihm zugewiesen werden. Sollte seine Höhe aber das Doppelte des Normalbetrages erreichen, so muß jede weitere Vermögensansammlung völlig unterbleiben.

So weitreichend nun die für die Erfüllung der ausgedehnten Verpflichtungen der Stiftungsbetriebe vorgesehenen Sicherungen an sich sind, die Möglichkeit, daß diese in besonders ungünstigen Geschäftsperioden sich dennoch als unzulänglich zur Deckung aller Ansprüche erweisen sollten, bleibt bestehen. Mit mehr oder minder schwankenden Erträgnissen muß jedes industrielle Unternehmen rechnen, in höherem Grade Betriebe wie diese, welche nicht nur für den Absatz ihrer Produkte mit einer früheren oder späteren Sättigung des vorhandenen Marktes zu rechnen haben, sondern die auch, wie sie allein durch hervorragende Leistungen einzelner Persönlichkeiten emporgekommen sind, in Zukunft nur durch den Fortbestand einer ungewöhnlichen geistigen Produktivität der leitenden Kräfte dauernd auf der erreichten geschäftlichen Höhe erhalten werden können. In dieser Erkenntnis hat die Stiftung eine absolute Garantie für die Erfüllung der Verpflichtungen, welche ihren Betrieben zu Gunsten des Personals und dessen Angehörigen auferlegt sind, nicht übernommen, auch vernünftigerweise nicht übernehmen können. Sie hat sich vielmehr das Recht vorbehalten, bei länger anhaltender ungünstiger Geschäftslage, bezw. beim Herabsinken des Reservefonds auf ein Niveau, auf dem er den erforderlichen Rückhalt für den ganzen Umfang der Verpflichtungen nicht mehr zu bieten vermag, Zeitlohnsätze,

Urlaubslohn, Krankenkassenleistungen, Pensionsansprüche, Abgangs=
entschädigung und Vertragsverpflichtungen bei Betriebsstörung nach
Umfang und Höhe zeitweilig herabzusetzen oder selbst ganz zu suspen=
bieren. Von diesem Rechte soll jedoch nur soweit Gebrauch gemacht
werden dürfen, als erforderlich ist, um die wirtschaftliche Sicherheit
der Firma oder der Stiftung vor Gefährdung zu bewahren. Das
Recht zur Einschränkung der vorgenannten Leistungen steht danach
der Betriebsverwaltung zu, sobald der Betrieb während dreier Jahre
oder länger innerhalb der letztverflossenen fünf Geschäftsjahre ein
Deficit ergeben hat und zugleich der Reservefond in demjenigen
Teile, der übrig bleibt nach Abzug des Rentendeckungskapitals, im
ganzen auf weniger als zwei Drittel einer Jahresausgabe der
Stiftungsbetriebe, berechnet nach dem Durchschnitt der letzten drei
Geschäftsjahre, herabgegangen ist, oder wenn auch ohne voraus=
gegangenes Betriebsdeficit der erwähnte Teil des Reservefonds auf
weniger als ein Drittel dieser Jahresausgabe sich vermindert hat.
Selbst wenn die vorhin erwähnten Verpflichtungen auf besonderen
Arbeits= und Anstellungsverträgen beruhen, ist die Firma bei Ein=
tritt der gedachten Fälle berechtigt, diese Verträge ohne vorherige
Aufkündigung in den bezeichneten Punkten abzuändern. Die bezüg=
lichen Befugnisse gelten indessen lediglich für Leistungen, deren Ent=
stehungsbedingungen erst zukünftig erfüllt werden. Ansprüche, welche
schon vorher anfällig geworden sind, werden dadurch nicht berührt.
Hat die Lage der Verhältnisse zu einer Einschränkung oder Suspen=
sion der statutarischen Leistungen geführt, so sollen die letzteren bald=
möglichst in vollem Umfange wieder aufgenommen werden, spätestens
dann, wenn die drei letzten Geschäftsjahre ohne Deficit geblieben
sind und zugleich der obenerwähnte Teil des Reservefonds im ganzen
die Höhe von zwei Drittel der durchschnittlichen jährlichen Betriebs=
ausgabe wieder erreicht hat.

Die Kapitalmittel des Reservefonds, die selbstverständlich zu
keinerlei Spekulationen verwendet werden dürfen, müssen zum Teil
in Grundbesitz, zu einem anderen Teil, der allmählich bis auf die
Hälfte der durchschnittlichen Jahresausgabe der Betriebe zu erhöhen
ist, in jederzeit realisierbaren Werten angelegt werden. Haben sie die
vorgeschriebene Normalhöhe überschritten, so darf der überschießende
Reinertrag, um die Verlustgefahr zu mindern, nur zum Erwerb
sicherer ausländischer Werte verwendet werden.

Die Verwahrung und Verwaltung der Vermögensobjekte erfolgt
nach den für Staatsgelder geltenden Normen, jedoch darf hieraus

dem Staate keine Haftpflicht erwachsen. Die Verfügung über den Reservefond und seine Verwaltung steht allein der Stiftungsverwaltung zu.

Bei dem weitgehenden Maße der Rechte, welche dem einzelnen Arbeiter oder Angestellten in den Stiftungsbetrieben eingeräumt sind und die weit hinausgehen über das, was in anderen Betrieben, die sich die Fürsorge für die von ihnen abhängige Arbeiterschaft angelegen sein lassen, geschieht, muß es auffallen, daß eine ständige organisierte **Vertretung der Arbeiterschaft** behufs Wahrung ihrer Interessen bisher nicht geschaffen wurde. Das, was in dieser Richtung geschehen ist, beschränkt sich darauf, daß in vielen Fällen behufs Verhandlung bestimmter Angelegenheiten die Wahl eines Ausschusses ad hoc herbeigeführt wurde. Die Angelegenheiten, in welchen solchen Ausschüssen eine beratende Stimme vorübergehend eingeräumt wurde, betrafen in keinem Falle Fragen der geschäftlichen Leitung des Unternehmens. Eine Einwirkung auf die Grundlagen der technischen und wirtschaftlichen Geschäftsführung seitens der Arbeiter ist auch für die Zukunft nirgends vorgesehen. Ebensowenig ist ihnen bei der Besetzung der leitenden Stellen irgend welche Einwirkung zugestanden. Für die Auswahl der leitenden Persönlichkeiten bleibt vielmehr, wie oben gezeigt, stets allein die Stiftungsverwaltung unter Mitwirkung des Kommissars und der vorhandenen Vorstandsmitglieder befugt und verantwortlich und, wenn irgendwo, so ist hier durch die Eigenart der Lebensbedingungen der Betriebe eine demokratische Betriebsverfassung undenkbar und praktisch unausführbar. Immerhin sieht das Statut den Fall, daß eine ständige Arbeitervertretung Bedürfnis würde, vor. Aber wenn es auch nicht ausdrücklich ausgesprochen wird, so ist sie doch zunächst nur als eine Zwischeninstanz zwischen Geschäftsleitung und Arbeiterschaft gedacht, die lediglich die Wünsche und Anschauungen der Vertretenen hinsichtlich der Regelung der internen Arbeitsverhältnisse zu vermitteln hat. Irgend welche materielle Befugnisse sind einer solchen Vertretungskörperschaft einstweilen nicht zugesprochen, auch überhaupt die Berufung einer solchen nicht angeordnet. Vielmehr begnügt sich das Statut damit, für den Fall, daß ein Arbeiterausschuß in irgend welcher Zukunft gebildet werden sollte, seine innere Zusammensetzung zu regeln[1]. Die diesbezüglichen Bestimmungen sollen eine Gewähr dafür bieten, daß der Ausschuß eine wirkliche Arbeitervertretung sei,

---

[1] Inzwischen ist bei der optischen Werkstätte die Organisation eines ständigen Arbeiterausschusses auf der hier gegebenen Grundlage bereits bewirkt.

nicht eine Coulisse, hinter welcher der Unternehmer selbst sich verbirgt. Eine derartige Vertretung soll daher ausschließlich aus direkter geheimer Wahl seitens der sämtlichen über 18 Jahre alten Betriebsangehörigen hervorgehen, von Jahr zu Jahr vollständiger Erneuerung unterliegen und zugleich aus nicht weniger als 12 Mitgliedern bestehen. Die Wählbarkeit beschränkt sich auf volljährige, seit mindestens einem Jahre im Betrieb thätige, im gewöhnlichen Lohnverhältnis stehende Arbeiter und darf darüber hinausgehenden Beschränkungen nicht unterworfen sein. Diese Arbeitervertretung soll befugt sein, auch ohne Einberufung durch die Geschäftsleitung ihres Betriebes zusammenzutreten, und hat die letztere die Pflicht, in allen Betriebsangelegenheiten ihr auf ihren Antrag Gehör zu gewähren.

Gegen etwaige Strafen, welche von einer Geschäftsleitung oder deren Vertretern auf Grund der Betriebsordnung oder auf Grund sonstiger Satzungen ausgesprochen werden sollten, steht dem Arbeiter jederzeit Berufung auf richterliche oder schiedsrichterliche Entscheidung zu. Ist eine Arbeitervertretung vorhanden, die den statutarischen Normen entspricht, so kann auch Berufung an diese vorgesehen werden.

Nachdem wir somit die Darstellung der gesamten inneren und äußeren Organisation der Stiftungsbetriebe zu Ende geführt haben, bleibt uns nur noch übrig, kurz auf die **allgemeinen Normen der geschäftlichen Thätigkeit, sowie auf die weiteren Zwecke der Stiftung** einzugehen.

Die Carl Zeiß=Stiftung soll vor allem der Pflege derjenigen Zweige feintechnischer Industrie, welche durch die optische Werkstätte und das Glaswerk unter Mitwirkung des Stifters in Jena eingebürgert wurden, gewidmet sein und zugleich ihre gewerbliche Thätigkeit auf solche Zweige der Optik, der Glastechnik, des Instrumentenbaues und verwandter Industrien beschränkt bleiben, welche die jetzige engere Verbindung zwischen Technik und Wissenschaft in den Betrieben der Stiftung aufrecht erhalten. Innerhalb dieser Grenzen sind ihrer Aktion keinerlei Beschränkungen auferlegt. Es bleibt daher der Stiftung unverwehrt, ihr Arbeitsfeld durch neue Betriebszweige zu erweitern, neue Geschäftsstellen und Handelsniederlassungen im In= wie im Auslande zu errichten oder auch unter selbständiger Firma zu führende Betriebsunternehmungen in Jena oder außerhalb Jenas zu eröffnen bezw. zu übernehmen. Ihrer Anrechte an den gegenwärtigen Betrieben sich zu entäußern oder sich der Last eigener Verwaltung zu entledigen, ist der Stiftung verboten. Gestalten sich die Verhältnisse in einem Stiftungsbetriebe derart, daß seine Fortführung zur Schädigung oder Gefährdung der übrigen Betriebe oder gar der Stiftung selbst führt, so muß seine Auflösung erfolgen. Ein Gesellschaftsverhältnis behufs Eintritt in ein neues Unternehmen darf die Stiftung nur unter der Bedingung eingehen, daß beim Ausscheiden des Socius die Leitung ganz an sie selbst übergeht.

Als wirtschaftliches Ziel ist der Geschäftsthätigkeit die nachhaltige Erhöhung des Gesamtertrages gesetzt, nicht die möglichste Steigerung des Reingewinns oder der Betriebsüberschüsse. Aber hiervon abgesehen, soll überhaupt nicht ausschließlich dem Erwerbe nachgegangen werden, vielmehr ist daneben den Unternehmungen die weitere Aufgabe zugewiesen, auch dann, wenn ein unmittelbarer Vorteil nicht in Aussicht steht, dem allgemeinen Fortschritt der vertretenen technischen Künste und hierdurch den Interessen der wissenschaftlichen Forschung, sowie den Bedürfnissen des bürgerlichen Lebens nach Kräften und im möglichsten Umfange zu dienen. Insbesondere haben die Organe der Stiftung auf die Pflege von Arbeitsgebieten hinzuwirken, welche technisch hochstehende Einzelarbeit erfordern und deshalb geeignet sind, ein Gegengewicht gegen die Routine rein fabrikatorischer Thätigkeit darzubieten.

Die in diesen Vorschriften enthaltene gemeinnützige Tendenz erfährt eine Verstärkung durch die weitere Bestimmung, daß in Bezug auf erzielte neue Erfindungen und Verbesserungen, welche wesentlich Zwecken des Studiums und der wissenschaftlichen Forschung zu dienen bestimmt sind, eine Beschränkung des Wettbewerbes Anderer durch Patentnahme oder ähnliche Maßregeln niemals herbeigeführt werden darf. Hiermit wird nur ein Grundsatz dauernd festgelegt, dessen Befolgung der Stifter sich schon vor dreißig Jahren beim Eintritt in die damals kleine Werkstatt ausbedungen hatte und bisher unausgesetzt festgehalten hat. Bei Erzeugnissen, die lediglich Bedürfnissen des praktischen Lebens dienen, sind neuerdings Patente genommen worden, aber wesentlich in der Besorgnis, daß die Zulassung des freien Wettbewerbes ein Vordringen minderwertiger Erzeugnisse zur Folge haben und den von den Neuerungen erwarteten Gemeinnutzen beeinträchtigen würde.

Soweit Erwerbszwecke verfolgt werden, ist den Geschäftsleitungen die Pflicht auferlegt, dafür zu sorgen, daß der Stiftung selbst ein angemessener Anteil am Ertrage verbleibe. Dieser Anteil soll dasjenige enthalten, was als „Ausfluß der Organisation selbst, der durch sie erhaltenen Kontinuität aller Thätigkeit und der in ihr fortwirkenden Leistungen aller Vorgänger" anzusehen ist. In diesem Grundsatze gewinnt die Anschauung Ausdruck, daß der gesamte Wertertrag der Unternehmungen nicht den im gegebenen Augenblicke in organischer Vereinigung Zusammenwirkenden, noch weniger der Arbeiterschaft im engeren Sinne verdankt wird, und daher ihnen nicht in vollem Umfange gebührt, auch nicht dem Kapital oder der Arbeit und dem Kapital zusammengenommen. Was hier von den Geschäftserfolgen auf das Abstraktum „Organisation" zurückgeführt wird, gebührt u. E. zum größten Teil — zumal in dem vorliegenden Falle — der treibenden, führenden, tragenden geistigen Kraft, zu einem geringeren Teile nur der Überlegenheit einmal errungener Positionen, die kraft der starken Macht der Traditionen die Grundlage nachhaltiger wirtschaftlicher Erfolge bilden.

Für die konkrete Berechnung des Anteils, welcher auf die „Organisation" entfällt, werden sich überdies unanfechtbare rechnerische Grundlagen wohl schwerlich jemals auffinden lassen. Hier bleibt der freien Schätzung alles überlassen. Nach dem Statut soll die Lage eines Stiftungsbetriebes nur dann als genügend angesehen werden, wenn der Nettoanteil der Stiftung mindestens noch ein Fünftel vom Anteil der Gesamtheit der mitthätigen Personen und zugleich nicht weniger als ein Zehntel der Jahresausgabe erreicht, eine Annahme, die aus der Würdigung der Wirtschaftsbedingungen anderer, auch leidlich organisierter kleinerer Betriebe in diesem Industriegebiete abgeleitet ist. Das Problem, „natürliche" Ertragsanteile für die einzelnen Produktionsfaktoren nach dem Maßstabe des Verhältnisses auszuscheiden, in welchem diese an der Erzielung des Gesamtertrages mitgewirkt haben, ist u. E. stets nur sehr unvollkommen, meistens überhaupt nicht lösbar. Ebensowenig wie der theoretischen Begründung des ausgeschiedenen und an die Stiftung überwiesenen Ertragsanteils vermögen wir der Anschauung zu folgen, daß dieser Anteil der „Organisation" trotz des privatwirtschaftlichen Charakters des Unternehmens, wenn auch nicht aus äußeren Rechtsgründen, so doch aus höheren Billigkeitserwägungen der engeren und weiteren Gesamtheit „gebühre". Stellt man sich aber mit dem Stifter auf den Boden gleicher theoretischer Betrachtung, so kommt man notgedrungen dazu, vor allem eine Gewinnbeteiligung des Personals, wenigstens soweit sie aus dem Gesichtspunkt der Gerechtigkeit abgeleitet wird, abzuweisen. Denn, wenn irgend etwas „weder von dem

Einzelnen noch auch von der Gesamtheit persönlich erarbeitet ist und gerechter Weise allen einzelnen vorenthalten zu werden verdiente", so sind es die Gewinne, die aus besonders günstigen Konjunkturen gezogen werden. Was zumal verleiht dem Betriebspersonal — wenn doch einmal alles auf innere Rechtsgründe zurückgeführt werden soll —, Anspruch auf die Vorteile der günstigen Konjunktur, wenn dasselbe in dem Maße, wie es hier der Fall ist, gegen die Nachteile der ungünstigen gedeckt ist? Mit dieser Darlegung soll ein gewisser socialpolitischer Wert der Gewinnbeteiligung nicht schlechtweg abgesprochen und nicht bestritten werden, daß, soweit in Zeiten besonderen Geschäftsaufschwunges und hierdurch bedingter allgemeiner Lohnsteigerung die Stiftungsbetriebe gezwungen werden, auch ihrerseits die Arbeitsbedingungen günstiger noch zu gestalten, für sie aus den früher angegebenen Gründen der Weg der Gewinnbeteiligung sich in besonderem Maße empfiehlt.

Alles nun, was nach vollständiger Erfüllung der nächsten statutarischen Verpflichtungen, wie sie oben dargelegt wurden, und nach vorschriftsmäßiger Dotierung des Reservefonds von den Betriebsüberschüssen und Erträgnissen des Reservefonds verbleibt, muß durch die Stiftungsverwaltung für gewisse weitere gemeinnützige Zwecke verwendet werden. Diese Verwendungszwecke werden vom Statut näher bestimmt und begrenzt. Sie betreffen Förderung allgemeiner Interessen der von den Stiftungsbetrieben vertretenen feintechnischen Industriezweige über den nächsten Interessenkreis hinaus, gemeinnützige Einrichtungen und Maßnahmen zu Gunsten der arbeitenden Bevölkerung Jenas und seiner nächsten Umgebung, endlich Förderung naturwissenschaftlicher und mathematischer Studien in Forschung und Lehre.

Die Förderung der feintechnischen Interessen soll nicht auf die Weiterbildung ihrer wissenschaftlichen Grundlagen und die Verbesserung ihrer technischen Hülfsmittel beschränkt sein, sondern sich auch auf die Hebung der wirtschaftlichen Lage des ganzen Industriezweiges, sowie auf die Förderung und Vertretung der gemeinsamen Interessen seiner Angehörigen erstrecken. Gedacht ist dabei insbesondere an Inangriffnahme und Unterstützung wissenschaftlicher Studien und Versuche oder sonstiger Unternehmungen, Anregung oder Unterstützung litterarischer Arbeiten, höhere Ausbildung begabter Personen für den Dienst des Industriezweiges auf Kosten der Stiftung, sowie an persönliche Beteiligung von Beamten der Stiftungsbetriebe an den wirtschaftlichen und socialen Bestrebungen innerhalb des Industriezweiges.

Die an zweiter Stelle erwähnten gemeinnützigen Bestrebungen müssen vor allem der Beförderung des allgemeinen Wohles der industriellen Arbeiter und der kleingewerblichen Kreise gewidmet sein oder der gewerblichen und der allgemeinen Fortbildung dieser Personenkreise dienen. Dabei sollen jedoch alle in dieser Richtung getroffenen Einrichtungen und Maßnahmen stets so gestaltet werden, daß sie zugleich möglichst weiten Kreisen der hiesigen Bevölkerung zu gute kommen, und ist bei allen diesen Bestrebungen strengste Neutralität gegenüber allen politischen und religiösen Parteien zu wahren. Die erste Verwirklichung erfuhr dieser Stiftungszweck in der im vorigen Jahre begründeten „Öffentlichen Lesehalle" und der mit ihr verbundenen Volksbibliothek, einer Anstalt, die, wenn sie auch hinter den englischen und amerikanischen Vorbildern vorläufig noch zurückbleibt, doch in Deutschland von keinem gleichartigen Institut, was Vollkommenheit der Ausstattung und Liberalität der Benutzungsbedingungen betrifft, bis jetzt erreicht wird. Die gesamten Kosten der ersten Einrichtung sowie der äußeren Verwaltung werden aus Mitteln der Stiftung bestritten, die im ersten Halbjahre nicht weniger als 10 000 Mark hierfür opferte. Nur hinsichtlich der Beschaffung des Lesestoffs ist das Institut auf freiwillige Beiträge angewiesen, doch wurde der Grundstock für die Bibliothek durch die 3000 Bände zählende Arbeiterbibliothek der optischen Werkstätte gebildet, und auch zur Erweiterung der Bibliothek sind beträchtliche Zuschüsse von der Stiftung gewährt worden. In diesem Frühjahr erst erwarb ferner die Stiftung ein größeres Grundstück, um mit dem Bau von Arbeiterwohnungen in Gestalt von Zweifamilienhäusern zu beginnen, deren Vermietung in keiner Weise auf die eigenen Betriebsangehörigen beschränkt sein soll. Sie beabsichtigt auf diese Weise, dem fühlbaren Mangel an geeigneten kleineren Wohnungen abzuhelfen und so zugleich einen regulierenden Einfluß auf die Wohnungspreise auszuüben. Für später ist die Errichtung eines Volksbades in Aussicht genommen.

Bei der Förderung naturwissenschaftlicher und mathematischer Studien soll jede Rücksicht auf die näheren Interessen der Stiftungsbetriebe in Wegfall kommen. Die diesbezüglichen Aufwendungen haben regelmäßig im Interessenkreise der Universität Jena zu erfolgen, insoweit nicht in einzelnen Fällen Anlaß zur Ausführung wissenschaftlicher Arbeiten innerhalb der Betriebe und durch deren Mitarbeiter gegeben ist. Die zugeführten Mittel bilden den „Universitätsfond der Carl Zeiß-Stiftung". Verfügung und Verwaltung ist denjenigen

Organen überlassen, welchen die ordentlichen Mittel der Universität unterstellt sind, doch ist die Verwendung der Mittel dieses Fonds an besondere Normen gebunden, hinsichtlich welcher das Statut auf Bestimmungen der nicht veröffentlichten Stiftungsurkunde vom Jahre 1889 verweist. So lange der Reservefond der Stiftung die vorgesehene Normalhöhe nicht erreicht, bleibt das Maß der Aufwendungen für wissenschaftliche Zwecke dem Ermessen der Stiftungsverwaltung anheimgegeben. Von dem Zeitpunkte an aber, in dem der Reservefond jenen Stand überschreitet, fällt die Hälfte der durchschnittlich zur Verausgabung kommenden Stiftungsüberschüsse der Universität zu. Unter der gleichen Voraussetzung kann, falls andere Aufgaben von erheblichem gemeinnützigem Interesse nicht vorliegen, auch die andere Hälfte der Überschüsse noch zum Teil für wissenschaftliche Universitätszwecke verwendet werden.

Über die Mittel, welche den drei genannten Zwecken zugeführt werden, verfügt die Stiftungsverwaltung. Jedoch haben Stiftungskommissar und Betriebsvorstände das Recht, jederzeit Anträge hinsichtlich ihrer Verwendung zu stellen, wie sie auch über alle von anderer Seite kommenden Anträge gehört werden müssen. Übereinstimmenden Anträgen sämtlicher Vorstandsmitglieder der in Jena bestehenden Stiftungsbetriebe muß, wenn sie die Förderung allgemeiner Interessen der feintechnischen Industrie oder gemeinnützige lokale Einrichtungen und Maßnahmen betreffen, jederzeit stattgegeben werden.

Die Entgegennahme der jährlichen Rechnungslegung über die Stiftungsverwaltung ist, so lange der Stifter lebt und verfügungsfähig bleibt, diesem vorbehalten, später ist die Rechnung vor einer ehrenamtlichen Kommission zu legen, bestehend aus dem Universitätskurator, einem Mitgliede des akademischen Senats, einem städtischen Vertrauensmann und den zwei dienstältesten Vorstandsmitgliedern.

Sollten dereinst die sämtlichen Betriebe zur Auflösung kommen und damit die Stiftung sich auf bloße Vermögensverwaltung beschränkt sehen, so fällt ihr Vermögen zur einen Hälfte den Gemeinden Jena und Wenigenjena, zur anderen Hälfte der Universität Jena oder, wenn diese nicht mehr bestehen sollte, einer anderen deutschen Hochschule zu. Das Vermögen ist von diesen Erben für Zwecke, die im Sinne der ursprünglichen Stiftung liegen, weiter zu verwenden. Bis zum 30. September 1906 bleiben dem Stifter oder seinen Bevollmächtigten Abänderungen und Ergänzungen statutarischer Bestimmungen vorbehalten. Später sind zwar Statutenänderungen ebenfalls noch möglich, namentlich für den Fall, daß die ursprünglichen Voraussetzungen eine wesentliche Wandlung erfahren sollten, sind aber alsdann an erschwerende Bedingungen geknüpft.

Wenn wir vorstehend der Stiftung im engeren Wortsinne und ihrer Zwecke und Aufgaben gedachten, so geschah es in der Meinung, daß bei dem äußeren Zusammenhange, in dem dieser Teil des socialen Werkes mit dem übrigen steht, hierauf nicht verzichtet werden konnte, ohne das Bild der ganzen Schöpfung zu beeinträchtigen. Aber wenn man auch dem hohen Gemeinsinn, der gerade in diesem Teile des Werkes sich offenbart, die vollste Würdigung angedeihen läßt, so konzentriert sich das socialpolitische Interesse doch ausschließlich auf die Organisation und die socialen Einrichtungen der Stiftungsbetriebe und drängt dazu, sich Klarheit zu verschaffen über den tieferen Gehalt des in ihnen verkörperten Versuches, die großindustriellen Arbeiterverhältnisse einer befriedigenderen Ordnung entgegenzuführen.

Vor allem sollte nach Ansicht des Stifters das, was er ins Leben rief, nicht den Charakter von Wohlfahrtsmaßregeln in dem verbreiteten Wortsinne an sich tragen. Sein ganzes Streben vielmehr war darauf gerichtet, den Arbeitern nach dem seinen persönlichen Anschauungen entnommenen Maßstabe der Gerechtigkeit wertvolle und gesicherte Rechte materiellen wie immateriellen Inhalts zu verleihen, vermöge des Genusses wirtschaftlicher und socialer Unabhängigkeit in den Arbeitern ein geläutertes Selbstbewußtsein hervorzurufen und sie damit zu einem hochwertigen Elemente der menschlichen Gesellschaft zu machen. Indem er die Hauptgrundsätze des von ihm geplanten Arbeiterrechtes statutarisch verlautbarte und hierdurch, wie mittels der Überführung des ganzen Vermögenskomplexes in unpersönlichen Besitz die Aufrechterhaltung und Beobachtung der Bestimmungen dem Einfluß privaten Beliebens völlig entrückte, auch dem Statut den Schutz der staatlichen Autorität sicherte, stellte er die Rechtsansprüche des Arbeiters in mancher Beziehung unter eine stärkere Garantie, als sie selbst die staatliche Gesetzgebung zu bieten vermag, da deren Inhalt auch bei konstitutionellen Staaten jederzeit, wenn auch nur durch den übereinstimmenden Willen der gesetzgebenden Faktoren, verändert werden kann.

Dieses Recht und die formalen Garantien, mit denen es umgeben ist, sichern zunächst den einzelnen Arbeiter vor willkürlicher

Behandlung seitens der Geschäftsleitung. Immerhin haben die Statuten der Natur der Sache nach hier bisweilen nur Direktiven für die verantwortliche Leitung aufzustellen vermocht, deren Befolgung, falls sie außer acht gelassen werden sollten, auf dem Rechtswege nicht erstritten werden könnte. Als Beispiel erinnern wir an die Vorschrift, daß bei Anstellungen ohne Ansehen der Abstammung, des Bekenntnisses und der Parteistellung verfahren werde und die Beförderung innerhalb des Betriebes sich lediglich nach Leistungen und Betriebsinteressen zu richten habe. Für die gleichmäßige Durchführung giebt es hier keine andere Garantie als die persönliche Gewissenhaftigkeit der Geschäftsleiter. Würdigung der Leistungen und dessen, was das Betriebsinteresse erheischt, beruht in letzter Linie auf subjektivem Urteil und steht ein objektiv begründeter Anspruch auf Einstellung in den Betrieb Niemandem zu.

Hinsichtlich derjenigen Rechte, welche die Unterlage für materielle Ansprüche des Personals bieten, gehen die Garantien weiter. Die Schranken, welche persönlicher Willkür gezogen wurden, sind hier festere, obwohl auf die wichtigen Entscheidungen über Entlassung den Arbeitern selbst keinerlei Einwirkung zugestanden ist. Die Hauptsache aber ist, daß die Überführung der Unternehmungen in unpersönlichen Stiftungsbesitz es ermöglicht hat, Sicherung der erwachsenden Ansprüche des Geschäftspersonals ebenso wie der zur Fortführung der Betriebe nötigen Mittel durch statutarisch geregelte Ansammlung und strenge Sicherstellung entsprechender Fonds zu erzwingen. Die finanzielle Leistungsfähigkeit der Betriebe hinsichtlich der Erfüllung ihrer wirtschaftlichen und socialen Aufgaben wird auf diese Weise nicht lediglich durch die Höhe der im jeweiligen Augenblicke erzielten Erträge bedingt, vielmehr werden die Erträgnisse guter Jahre, anstatt wie bei gewöhnlichen privaten Unternehmungen einer fortgesetzten und weitgehenden Aufteilung zu verfallen, in ausgiebigem Umfange als Reserven für ungünstigere Zeiten aufgespart. Es liegt hierin ein Fortschritt, der nicht leicht zu hoch angeschlagen werden kann und der recht eigentlich die Basis aller übrigen Einrichtungen bildet, die innerhalb der Stiftung getroffen wurden.

Allerdings hat die Stiftung bei dem privatwirtschaftlichen Erwerbscharacter ihrer Unternehmungen eine absolute Garantie für die statutarisch vorgeschriebenen Leistungen nicht übernommen, noch übernehmen können. Eine Reihe von Zusagen: Aufrechterhaltung des erreichten Zeitlohnsatzes, Fortzahlung des Lohns während des Urlaubs, erhöhte Krankenkassenleistungen und Invalidenrenten, Abgangsentschädigung, Lohnvorschuß bei Betriebsstörungen, sind nur bedingt gegebene, soweit es sich nicht um schon definitiv erworbene Ansprüche handelt. Die Voraussetzung, von welcher die allgemeine Verpflichtung zur Vollzahlung, beziehungsweise zur Zahlung überhaupt abhängig gemacht wird, ist die Fortdauer ausreichender Geschäftserfolge und hierdurch bedingter Leistungsfähigkeit. Zu mehr sich zu verpflichten, ist in der That ein privates Erwerbsunternehmen außer stande, wenn es nicht Gefahr laufen will, durch ein derartiges Maß freiwillig übernommener socialer Verpflichtungen zu Grunde gerichtet zu werden. Denn seine Erträgnisse, deren Höhe nicht autoritativ garantiert sind, sondern in ihrem Betrage schwanken, sind die einzige Quelle, aus der es die Mittel zu den materiellen Gewährungen an die Mitwirkenden auf die Dauer schöpfen kann. Indessen ist die Suspension der erwähnten statutarischen Bestimmungen an ganz feste objektive Bedingungen geknüpft und sind die vorhandenen Sicherungen so starke, daß, selbst wenn fortdauernd bare Zuschüsse geleistet werden müßten, vor Ablauf einer Reihe von Jahren die Stiftungsverwaltung nicht in die Notwendigkeit versetzt würde, von den vorbehaltenen Suspensionsbefugnissen Gebrauch zu machen. In letzter Linie bleibt aber doch alles auf die Fortdauer der geschäftlichen Prosperität gestellt, und diese muß sich auf hervorragender Höhe behaupten, sollen die großen Lasten fortgesetzt getragen werden können. Bis jetzt waren die Bedingungen einer solchen Prosperität vorhanden und voraussichtlich sind dieselben auf lange Zeit gesichert. Aber wird man auf ihre ununterbrochene Erhaltung auch in fernerer Zukunft rechnen dürfen? Das ist eine Frage, die man stets nur mit dem Ausdruck der Hoffnung wird beantworten können.

Betriebe wie diese, die auf wissenschaftlicher Grundlage beruhen und die Verwertung wissenschaftlicher Forschungsergebnisse zum Zwecke haben, werden die Stärke ihrer wirtschaftlichen Position voraussichtlich bewahren, so lange ihnen die bisherige Überlegenheit geistiger Schaffenskraft und Initiative in ihren leitenden Kräften bewahrt bleibt. Alle andern Faktoren treten bei ihr in die zweite Linie. Schon jetzt waren die Unternehmungen, um sich dauernd zu behaupten und sich in dem bisherigen Maße weiterzuentwickeln, auf die Erfindung und Ausbeutung neuer Absatzprodukte angewiesen und so wird es auch in Zukunft bleiben. Unter diesen Umständen ist es für sie ein unabweisbares Erfordernis, stets hervorragende geistige und wissenschaftlich ungewöhnlich leistungsfähige Kräfte zu gewinnen und festzuhalten, und unwillkürlich regt sich bei solchen Erwägungen ein leises Bedenken, ob nicht die Beschränkungen, welche dem Einkommenserwerb der leitenden Personen in dem Betriebe gezogen sind, sich in Zukunft einmal als ein empfindliches Hindernis für die Gewinnung hervorragender Kräfte erweisen könnten. Gewiß erscheinen die Einkommensbezüge der leitenden Kräfte voll ausreichend, vergleicht man sie mit den Gehältern von Beamten des öffentlichen Dienstes, von denen selbst in großen Städten und Kommunalverwaltungen nur ein kleiner Bruchteil sich einer gleich günstigen materiellen Lage erfreut, wie die Stiftungsbeamten. Der Vergleich ist um so mehr zulässig, als die Garantien des gesicherten Fortbezuges und angemessene Pensionsrechte bei beiden Kategorien dem Diensteinkommen ergänzend zur Seite treten. Aber das Einkommen der Stiftungsbeamten bleibt bescheiden gegenüber den Entlohnungen, welche gleichwertige Leistungen bei gewinnbringenden großindustriellen Betrieben vielfach erzielen. Die Möglichkeit, daß gelegentlich einmal eine sonst wertvolle Kraft dem Dienst der Stiftung deshalb verloren gehen könnte, giebt der Stifter selbst zu. Er beruhigt sich aber bei der Überzeugung, daß die Stiftung doch immer auf solche Personen angewiesen bleibe, für welche die eigentliche Triebfeder des Handelns nicht in der Aussicht auf ganz besonderen materiellen Gewinn, sondern in dem inneren Antriebe zur Bethätigung in einem tüchtigen Wirkungskreis liegt. Möchte nur seine Zuversicht sich erfüllen, daß die an leitender Stelle vertretene geistige Potenz die Beihülfe jener anderen Elemente in der That jederzeit entbehrlich mache!

Aber mag die fernere Zukunft für die Unternehmungen sich gestalten wie sie will, für absehbare Zeit scheint das Werk gesichert. Jedenfalls hat der Stifter die Schwächen der modernen Arbeitsverfassung mit vollkommener Schärfe erkannt und sich ein großes Verdienst erworben, indem er durch sein Beispiel zeigte, wie auch im Rahmen eines einzelnen Unternehmens diesen Schwächen begegnet werden kann, ohne durch ein patriarchalisches System den Stolz des freien Mannes im Arbeiter zu untergraben. Aber obwohl er erfolgreich bestrebt ist, gerade das Selbstgefühl und den Unabhängigkeitssinn der Arbeiterschaft zu heben, macht ein System, wie er es durchgeführt hat, einen Kampf um die Arbeitsbedingungen zwischen Unternehmer und Arbeitern praktisch nahezu unmöglich, wie denn auch niemals die Spur einer Neigung zu einem solchen in der Arbeiterschaft hervorgetreten ist. Daß sein Beispiel einer Selbstentäußerung, wie er es in dem Aufgeben der eigenen Unternehmerstellung unter Überweisung aller überschüssigen Erträgnisse an gemeinnützige Zwecke gegeben hat, viel Nachfolge haben wird, kann nicht erwartet werden und wird auch von ihm selbst nicht erwartet. Immerhin wäre, so gut wie zahlreiche Privatunternehmungen in Aktiengesellschaften verwandelt wurden, eine öftere Überführung von Privatbetrieben in unpersönliches Besitztum zur Sicherung socialpolitischer Zwecke an sich wohl denkbar. Ein Verzicht des ursprünglichen Unternehmers auf jede weitere Gewinnbeteiligung erscheint nicht als notwendige Konsequenz. Denn ob die letzten Überschüsse gemeinnützigen Zwecken zugeführt werden oder nicht, ist für den nächsten socialpolitischen Zweck völlig gleichgültig. Aber abgesehen hiervon kann ein solches Maß von socialen Lasten, wie in dem hier besprochenen Falle, nur von Betrieben übernommen werden, die sich in besonders günstiger und dauernd gesicherter ökonomischer Lage befinden. Jedenfalls ist nicht nur für alle die Fälle, in denen die Erträge größere materielle Zugeständnisse an die Arbeiterschaft ermöglichen, sondern auch darüber hinaus durch das Statut der Carl Zeiß=Stiftung vorbildlich gezeigt, in welcher Richtung und in welchem Geiste das Problem, welches die Gestaltung der großindustriellen Arbeitsverhältnisse bietet, in den Einzelbetrieben befriedigender Lösung entgegengeführt und der Widerstreit der Interessen zur Versöhnung gebracht werden kann. Die Erfüllung der Forderung, daß der Arbeiter nicht als der persönliche Untergebene betrachtet, sondern in ihm eine gleichberechtigte Vertragspartei stets gewürdigt werde, erheischt keine materiellen Opfer. Sie ist und bleibt die Grundbedingung aller fruchtbaren Socialpolitik. Am ehesten und am vollkommensten übrigens sind die Staatsbetriebe, besonders solche, die gar nicht auf Ertrag und Rente bewirtschaftet werden, imstande, im weitesten Umfange dem in den geschilderten Stiftungsbetrieben gegebenen Beispiele zu folgen, wenn auch eine dahingehende Neigung einstweilen nicht vermutet werden darf.

Daß übrigens der Staat jemals ein derartig weitgehendes Maß materieller Fürsorge für die gesamte Arbeiterschaft durch die sociale Gesetzgebung vorschreiben könnte, erscheint so gut wie ausgeschlossen. Da er mit Rücksicht auf die übrigen Bevölkerungskreise auf Beisteuern der beteiligten Kreise nicht verzichten kann, ist ihm das Maß stets durch dasjenige gegeben, was der Regel nach von diesen letzteren geleistet werden kann. Innerhalb dieser Grenzen bleibt seine Fürsorge im allgemeinen die sicherer fundierte, weil sie den wechselnden Chancen privater Unternehmungen nicht unterworfen ist. Mögen Privat=

unternehmer thatsächlich größere Ansprüche befriedigen, Rechte in dem Sinne und von dem Sicherheitswerte wie die gesetzlich begründeten, vermögen sie nimmermehr zu gewähren. Immerhin hat die Carl Zeiß-Stiftung u. E. quantitativ wie qualitativ in der Fortbildung des privaten Arbeitsrechts so ziemlich das Höchste geleistet, was private Unternehmungen zu leisten vermögen.

Interessant und lehrreich ist es übrigens, daß der Stifter, so zweifellos volkstümlich, um nicht zu sagen demokratisch — dies Wort in seiner edelsten Bedeutung genommen — seine Denkweise ist, dennoch durch die innere Natur der großindustriellen Betriebsverhältnisse sich genötigt sah, bei seiner Schöpfung den Grundsatz festzuhalten, daß die Betriebe in das genossenschaftliche Eigentum und in die Leitung der Arbeiter selbst nicht übergehen dürften. An der Stellung der Lohnarbeit im Organismus des Betriebes wurde somit principiell hier nichts geändert, das bestehende Verhältnis zwischen Besitz und Arbeit wurde nur nach den verschiedenen Richtungen hin vollkommener ausgebaut. Der Charakter der Stiftung ist antikapitalistisch, aber keineswegs socialistisch. Aber es hieße die Anschauungen des Stifters völlig verkennen, wollte man den socialpolitischen Versuch als den Ausdruck philanthropischer Gesinnungen auffassen. Der Stifter will keine Fürsorge schaffen für die schwachen Elemente der Gesellschaft. Sein ausgesprochenes Ziel ist, die an sich starken und leistungsfähigen Elemente in der Arbeiterschaft — und nur solche werden in die Betriebe dauernd aufgenommen — auch wirtschaftlich stark zu erhalten. Erreichen will er dieses Ziel auf dem Wege, daß alle Ansprüche, die gerechterweise im Interesse der Arbeiter erhoben werden können, erfüllt werden. Aber nicht bloß um der Gerechtigkeit selbst willen soll dies geschehen, sondern mehr noch im Interesse des Staats- und Gemeinwohls. Denn das Gesamtwohl kann seiner Überzeugung nach nur gedeihen, wenn der Kern der Arbeiterschaft in wirtschaftlicher Kraft und socialer Zufriedenheit erhalten wird.

Printed by Libri Plureos GmbH
in Hamburg, Germany